Christian Gröll / David Sehrbrock

clever durch die Schule

Managementstrategien für bessere Noten

W0191580

Kösel

Für Julia und Charlotte

ISBN 3-466-30508-X
© 2000 by Kösel-Verlag GmbH & Co., München
Printed in Germany. Alle Rechte vorbehalten
Druck und Bindung: Kösel, Kempten
Visuelles Konzept und Umschlaggestaltung: Fortune, München
Umschlagmotiv: Mitsuru Yamaguchi, © Photonica, Hamburg

1 2 3 4 5 · 04 03 02 01 00

*Gedruckt auf umweltfreundlich hergestelltem Werkdruckpapier
(säurefrei und chlorfrei gebleicht)*

inhalt

vorwort

Wozu ein Vorwort? Eigentlich nur, um in aller Kürze zu erklären, was uns dazu getrieben hat, ein solches Buch zu schreiben: Die Erkenntnis, dass 87,5% des Erfolgs in der Schule nicht auf Intelligenz, blindwütigem Lernen oder schmieriger Anbiederei beim Lehrer beruhen, sondern auf cleverer Organisation und pfiffigen Tricks – einer Strategie!

Die Schule ist wie so vieles im Lebens in erster Linie eine Veranstaltung, bei der es auf Äußerlichkeiten ankommt. Nicht deine wirklichen Fähigkeiten werden benotet, sondern nur der Eindruck, den dein Lehrer von dir hat!

Die meisten unserer 13 Schuljahre haben wir gebraucht, um eben dahinter zu kommen. Mit dieser Erkenntnis und den gesammelten Erfahrungen stellte sich für uns gerade in der Oberstufenzeit der Erfolg auf angenehmere und leichtere Weise ein.

Unsere Strategie ist nicht schwer und auch kein Geheimnis: Jeder wendet sie sicher in der einen oder anderen Situation längst an, jedoch nur unbewusst und nicht zielgerichtet. Deshalb haben wir das aufgeschrieben, was uns geholfen hat, damit es auch dir helfen kann.

Christian Gröll
David Sehrbrock
Fuldabrück, Oktober 1999

P.S.: Die von uns verwendeten Personen und Namen sind selbstverständlich vollkommen frei erfunden; jede Ähnlichkeit mit lebenden oder verstorbenen Personen wäre absolut zufällig und natürlich völlig unbeabsichtigt.

einleitung

einleitung

Nobody is perfect und das bedeutet umgekehrt: Jeder kann es besser machen! Ob nun deine Versetzung unmittelbar gefährdet ist oder du zu den guten bis sehr guten Schülern gehörst: Seine Leistung kann und möchte fast jeder steigern.

Deine Lehrer sagen dazu, dass Leistung nur eine Frage des Fleißes ist: Wer viel lernt, hat auch gute Noten. Wer mehr lernt, hat noch bessere, und wer im Lernen förmlich ersäuft, ist der Beste! So einfach ist das für sie.

Auch deine Eltern sehen das so, wenn auch aus einem anderen Blickwinkel: Der Lehrer trägt eine Mitschuld. Er ist für sie von Natur aus arbeitsscheu und unfähig, ihren zwar »etwas faulen«, aber keinesfalls dummen Sprösslingen etwas beizubringen.

Für dich wiederum sind deine Lehrer zentrale Ursache von Erfolg und Misserfolg: Gute Noten bekommst du von guten Lehrern. Alle anderen sind nicht besser als die Noten, die sie dir geben und oft nicht in der Lage, ihren Stoff zu vermitteln.

Egal, wer nun schuld ist, schlechte Noten kann niemand brauchen: Dein Lehrer nicht, weil er dann vor seinen Kollegen als unfähiger Pädagoge dasteht, und deine Eltern nicht, weil sie von anderen Eltern und Lehrern darauf angesprochen werden, was ihnen unangenehm ist. Am allerwenigsten aber kannst du selbst es dir leisten, nicht in jedem Fach volle Leistung zu bringen. Auch mit Blick auf knappe Ausbildungs- und Studienplätze sind möglichst gute Noten deine einzige Chance, dich von der Vielzahl der Bewerber abzuheben und den Beruf zu ergreifen, den du möchtest.

Schlechte Noten kann niemand brauchen.

Zwei Möglichkeiten sind daher nahe liegend: Nachhilfe und Lernbücher (sog. »Workbooks«) mit Übungen zum jeweiligen Fach. Beide haben jedoch einen Nachteil: Sie gehen sehr einseitig davon aus, dass du keine Ahnung vom Fach hast und es dir NUR deshalb an Erfolg mangelt! Als kämen die guten Noten von selbst, wenn man dir den Bauernkrieg oder die Wärmelehre bloß richtig eintrichterte.

Was aber nützt dir alles Wissen in Mathe oder Geschichte, wenn du nicht in der Lage bist, dies im Unterricht oder einer Arbeit so an den Lehrer zu bringen, dass er dafür ordentlich Punkte locker macht? Dein Wissen aus Unterricht und Nachhilfe ist auch dann für die Katz, wenn dich dein Lehrer auf der Abschussliste hat oder du vor lauter Chaos und Terminstress gar nicht zu vernünftigem Lernen kommst.

Gute Noten sind erst in zweiter Linie eine Frage des Fleißes. Gute Noten sind erst in zweiter Linie eine Frage des Fleißes. Es kommt zunächst auf die richtige Strategie an: die Organisation deiner Arbeit als Schüler und die Präsentation deines Wissens in der Schule. Auch die richtige Arbeitstechnik und ihre Zeitplanung sowie dein Auftreten und dein Image beim Lehrer sind eine Basis, die es dir ermöglicht, deinem Lehrer den Eindruck zu vermitteln, dass er an dir einen besonders guten und engagierten Schüler hat!

Ein großer Teil deines schulischen Erfolges oder Misserfolges hängt also unmittelbar von deinem organisatorischen Talent ab.

Die Formel »*Erfolg = Stoff x Lernzeit*« ist überholt!

Es gilt vielmehr:

»*Erfolg = Organisation + Präsentation + Wissen*«!

Durch unsere Strategie des Erfolgsmanagements erfährst du, wie du mit minimalem Aufwand ein Maximum an Erfolg erzielst, also effizient arbeitest! Unser Anliegen ist es nicht, dir klar zu machen, dass 2x2=4 ist (dies erledigen deine Lehrer oder die Nachhilfe), sondern wir zeigen dir, wie du dieses Wissen so einbringst, dass es dafür möglichst viele Punkte gibt.

Wie sieht diese Erfolgsstrategie nun konkret aus?
Drei Stufen führen dich zu mehr Erfolg in der Schule:
Zunächst geht es um dich persönlich. Da du ja besser werden willst, muss sich einiges ändern! Hier zeigen wir dir alles zu den Themen Fitness, Auftreten und Zeitmanagement, um den Schulalltag besser zu bewältigen.
Danach geht es um das, was dir im Unterricht begegnet. Tipps, Tricks und Kniffe rund um Unterrichtsstunden, Hausaufgaben, Klausuren und die Verwendung elektronischer Medien werden dir helfen, die Stunden nicht nur gelangweilt abzusitzen, sondern jede Stunde aufs Neue zu deinem Vorteil zu nutzen.
Die letzten Kapitel beschäftigen sich mit dem, was nicht direkt, sondern indirekt in die Benotung einfließt und dazu dient, dir ein möglichst gutes Image bei deinen Lehrern und Mitschülern zu verschaffen.
Alle Kapitel sind in sich abgeschlossen. Du brauchst also nicht das ganze Buch gelesen zu haben (was jedoch ratsam ist), um ein Kapitel zu verstehen.
Viele anschauliche Beispiele ergänzen Text und Inhalt; darüber hinaus sind die wichtigsten Kapitel am Schluss jeweils mit einer Checkliste versehen, die dir schnell einen Überblick verschafft und die Schwerpunkte des Kapitels zusammenfasst.

Unsere Strategie lässt sich nicht von heute auf morgen umsetzen. Zum Schluss noch einen Hinweis: Eine Strategie wie die unsere lässt sich nicht von heute auf morgen umsetzen. Viele Tricks und Tipps können dir ziemlich schnell zu Erfolg verhelfen, während gerade im Bereich des Selbstmanagements und der Zeitplanung etwas Zeit ins Land gehen wird, bis du dich darauf eingestellt hast und die Vorteile voll nutzen kannst. Lass dich deshalb von kleinen Rückschlägen nicht entmutigen. Dein Erfolg ist es wert!

I am what I am

Das Bild vom eigenen Ich

Jeder hat seine individuellen Leistungsschwächen, die ihm mehr oder weniger stark zu schaffen machen, trotzdem ist das Ziel aller Schüler weitgehend gleich. Möglichst gut in der Schule zu sein und die Zeit möglichst erfolgreich und stressfrei hinter sich zu bringen.

Du musst dir zunächst darüber klar werden, weswegen du nicht die gewünschten Noten bekommst – wo deine »Leistungskiller« sitzen. Viele Zeitgenossen fallen nämlich von einer Niederlage in die nächste und sind der festen Überzeugung, dass Gott und die Welt an ihren Missgeschicken schuld sind. Während sie in Selbstmitleid zerfließen, versäumen sie dabei völlig zu sehen, dass sie selbst erheblich zu ihrem Wohlergehen beitragen können, indem sie sich klar machen, dass zu jedem Erfolg Mut, Ausdauer, Disziplin und etwas Glück gehören – aber halt nur etwas Glück.

Für dich gilt es nun, sich voll und ganz deinem persönlichen Erfolg zu widmen, sodass Zufall oder Glück immer geringere Bedeutung dabei spielen und deine Leistungen berechenbarer und stabiler werden.

Wir werden dir also zunächst helfen, deine individuellen Schwachpunkte aufzudecken und dir dann in den folgenden Kapiteln zeigen, wie du sie gezielt bekämpfen kannst. Genauso aber wird es auch um deine starken Seiten und deine Talente gehen: Wie du sie noch besser als bisher zur Geltung bringen kannst, zeigen wir ebenfalls.

Anschließend werden wir dir unser Bild eines Erfolgsschülers präsentieren, und das unterscheidet sich ganz gewaltig von dem des blassen Strebers mit Seitenscheitel und Nickelbrille, der für nichts anderes lebt als für die Schule und seine Noten.

Viele Zeitgenossen fallen von einer Niederlage in die nächste.

was bin ich? – die analyse der schwächen und stärken

Wir haben in die Schwach- stellen etwas Ordnung gebracht. Häufig bereiten uns unsere schwachen Seiten mehr Kummer, als uns die starken Seiten erfreuen. Versuchen wir also zunächst herauszufinden, was dir noch fehlt, wo also Defizite sind. Wir können dir natürlich nicht die ganze Arbeit abnehmen, aber wir haben in die Vielzahl der denkbaren Schwachstellen etwas Ordnung gebracht und ermöglichen es dir so, dich selbst einmal kritisch ins Visier zu nehmen. Was ist es also, was dich schwach macht?

Grundsätzlich kannst du deine Schwächen in zwei Gruppen einteilen:

1. Fachspezifische Schwächen, die dir nur in einem oder wenigen bestimmten Fächern von Nachteil sind
2. Allgemeine, fachübergreifende Schwächen, die dir immer und unabhängig vom Fach zu schaffen machen.

oft nur eine motivationsfrage – die fachspezifischen schwächen

Zu den fachspezifischen Schwächen gehören Schwachstellen in Fächerkomplexen, wie zum Beispiel:

● Naturwissenschaften (Bio, Mathe, Physik ...)
● Sprachen (Deutsch, Englisch, Latein ...)
● Gesellschaftswissenschaften (GK, Geschichte, Religion).

Probleme in diesen Fachbereichen rühren häufig aus bloßem Desinteresse am Fach oder Antipathie gegenüber dem Lehrer her. Niemand ist schließlich vollkommen bescheuert, fremdsprachenunfähig oder mit 85% des Lehrerkollegiums verfeindet. Alle fachspezifischen Schwächen haben irgendwann einmal angefangen (nach der ersten unglücklichen Latein-Fünf, dem ersten Wutausbruch von Herr Dr. Prügelpeitsch etc.) und sich dann durch Trotz-reaktionen, unglückliche Umstände und schließlich Kapitu-lation des Schülers verschlimmert.

Wie du mit diesen persönlichen Antipathien und deiner »Um-Gottes-Willen-Mathematik-Latein-Erdkunde«-Haltung besser umgehen und sie oftmals sogar beseitigen kannst, zeigen wir dir beispielsweise in den Kapiteln »Das äußere Erscheinungsbild«, und »Die Unterrichtsstunde«.

gefährlich, gefährlich – die fachübergreifenden schwächen

Nicht alle dieser Schwächen sind leicht in den Griff zu be-kommen, so viel gleich vorweg! Dennoch können wir ver-sprechen, dass einige von ihnen ohne große Mühe nahezu ganz beseitigt werden können. Insbesondere was deine Einstellung zur Schule und deine persönliche Organisation betrifft, die beide an so ziemlich allen Fällen deiner schwa-chen Schulleistungen eine Mitschuld tragen.

Nicht alle Schwächen sind leicht in den Griff zu bekommen.

Fachübergreifend, weil in allen Fächern problematisch und von Nachteil, sind:

- Rechtschreibschwächen
- Grammatikalische Schwächen
- Dialektische Schwächen – z.B. Schwächen beim Disku-tieren und in der Rhetorik ebenso wie Formulierungs- und Ausdrucksprobleme
- Konzentrationsschwäche
- Schwierigkeiten beim logischen Denken
- Soziales Fehlverhalten – z.B. Rücksichtslosigkeit, Mob-bing, Selbstüberschätzung
- Allgemeiner Hang zur Unordnung und Unfähigkeit, sei-nen Schulalltag zu organisieren – z.B. falsche Zeitpla-nung, mangelnde Selbstdisziplin, wildes, unorganisier-tes Arbeitsumfeld

- Falsche persönliche Einstellung zur Schule, z.B. allgemeine Null-Bock-Haltung

Fachübergreifende Schwächen sind Leistungskiller. Die fachübergreifenden Defizite, wie wir sie hier aufgezählt haben, sind wesentlich fieser als die fachspezifischen, da sie dich nämlich in allen Fächern runterreißen werden. So wird dir dein schlechtes Zahlenverständnis in Erdkunde wohl kaum das Genick brechen – im Gegensatz zu deiner Rechtschreibschwäche oder deiner Stressanfälligkeit, die dich in allen Fächern fertig machen können.

Dein vorrangiges Ziel muss es also sein, diese Schwächen ausfindig zu machen und zu bekämpfen, denn sie sind die eigentlichen Leistungskiller und somit gefährlich für deinen schulischen Erfolg!

auf diese steine kannst du bauen –
deine stärken

Natürlich kannst du überall, wo wir eben noch Schwächen aufgezählt haben, auch Stärken haben. Dies solltest du dir vor Augen halten, wenn du dich fragst, welche der genannten Schwächen auf dich zutreffen und ob sie nicht umgekehrt sogar als echte Stärken zu bewerten sind.

Die Erfahrung zeigt, dass sich die meisten Schüler ihrer starken Seiten gar nicht so bewusst sind, sie aber dennoch unbewusst voll ausnutzen – wir müssen also nicht allzu viel Mühe darauf verwenden, sie aufzuzeigen und zu aktivieren. Deshalb nur dies: Besonders nützlich ist hohes Interesse an bestimmten Fächern, da dann das Lernen erheblich leichter fällt und Mehrarbeit ohne Murren in Kauf genommen wird. Gut nutzen lassen sich auch Hobbys, die mehr oder weniger direkt mit dem Unterricht zu tun haben (z.B. Amateurfunk in Physik und Elektronik, Aktivität bei den Pfadfindern in Bio oder bei der Planung von Wandertagen, politisches Engagement in Parteien und Verbänden wie Greenpeace o.Ä. in Sozialkunde, von der Mitgliedschaft im Turnverein im Hinblick auf den Sportunterricht mal ganz zu schweigen).

Wichtig ist nur, dass du diese Chancen erkennst und im Unterricht zu nutzen versuchst. Wir denken neben dem normalen Unterrichtsgespräch an Referate, Projekttage, Diskussionen usw. Ebenfalls ausgesprochen nützlich sind schauspielerische Begabung, literarische Fähigkeiten, musisches Talent oder das perfekte Beherrschen einer Fremdsprache. Keine Frage, es lohnt aus zweierlei Gründen, sich selbst kritisch gegenüberzustehen: einerseits, um Schwächen aufzudecken und auszuschalten und andererseits, um die eigenen Stärken intensiv und bewusst einzusetzen.

Nutze deine Stärken bewusst.

spieglein, spieglein an der wand ... –
deine selbsteinschätzung

Klar, dass du dich selbst anders siehst, als andere dich sehen. Du kannst also deine eigenen Schwächen und Stärken nicht unvoreingenommen begutachten. Auf welche Weise bringst du nun in Erfahrung, wie es um deine Stärken und Schwächen bestellt ist?

Die letztlich entscheidende Einschätzung ist die Meinung, die dein Lehrer von dir hat. Er ist es, der dir deine Noten gibt und somit zuverlässiges und wichtiges Barometer für deine Stärken und Schwächen ist. Seine Leistungsbeurteilungen müssen für dich Auslöser sein, besser zu werden!

Natürlich können auch alle anderen Leute in deinem Umfeld dir recht gute Rückschlüsse auf deine eigene Person ermöglichen. Doch sind (je nachdem, wie sie zu dir stehen) diese Rückschlüsse nur mit Abstrichen und unter Vorbehalt möglich. So werden deinen Vater, der in dir einen potenziellen Physiknobelpreisträger sieht, deine Schwächen in römischer Staatsgeschichte sicherlich kaum interessieren.

Frag auch andere nach deinen Schwächen. Frag also von Zeit zu Zeit einige deiner Lehrer nach ihren Ansichten zu deinem Lernverhalten. Am besten mit dem Hinweis darauf, dass du gezielt daran arbeiten willst, um in der Schule besser zu werden. Hab aber auch für Bemerkungen und Urteile von Familienmitgliedern, Freunden und Lehrern, die du sozusagen »zwischen den Zeilen« herausliest, ein offenes Ohr. Nimm es auf und entscheide in Ruhe und mit einem guten Maß an Selbstkritik, was davon für dich zu verwerten ist und was eben nicht. Bedenke aber auch, dass viele Lehrer nur ihr Fach im Auge haben und sich einen feuchten Kehricht darum kümmern, wie es um dein schulisches Gesamtprofil bestellt ist. Sie wollen dir lediglich einbläuen, für ihr Fach mehr zu lernen, obwohl dies vielleicht gar nicht nötig ist und dich nur Zeit kostet.

Neben diesem sicherlich sehr wichtigen Feedback von außen hilft dir auch unsere Auflistung von Schwächen, dich noch einmal selbst kritisch unter die Lupe zu nehmen. Schreib anhand dieser Auflistung deine persönlichen Schwächen und Stärken auf ein Blatt Papier und ergänze es von Zeit zu Zeit.

Jetzt hast du einen Überblick über das, was es zu bewältigen gilt. Streich aus, was du im Laufe der Zeit an Schwächen in den Griff bekommen hast, sodass die Motivation, möglichst alle Schwächen zu beseitigen, von Mal zu Mal größer wird.

sein oder nichtsein – das wesen des erfolgsschülers

Bevor wir uns nun dem Zielobjekt, nämlich dem »Erfolgs-schüler« widmen, gilt es zunächst einmal festzustellen, wie du dich am vorteilhaftesten verhalten solltest, um nicht von vornherein bei Lehrern und Mitschülern in Ungnade zu fallen. Denn welcher Mitschüler hilft schon gerne einem rücksichtslosen Miesepeter und welcher Lehrer lässt sich von den fachlichen Qualitäten einer vollkommen verunsicherten, ständig kichernden Schülerin überzeugen, die bei jeder Diskussion knallrot klein beigibt. Du siehst – das Wesen, das du an den Tag legst, trägt in den Augen deiner Umwelt erheblich zu deinem Image bei. Grund genug also, einige elementare »Wesensregeln« aufzustellen.

Der Eindruck, den du machst, bestimmt dein Image.

Grundsätzlich kann man sagen: Jeder sollte sich so geben, wie er ist und wie er es mit seinem Gewissen und den Mitschülern vereinbaren kann. Trotzdem geben wir einige Tipps, wobei du natürlich selbst entscheiden musst, inwiefern du sie für dich verwendest:

- Sei selbstbewusst und lass dich nicht unterbuttern! Vertritt deine Interessen!
- Sei selbstkritisch! Überleg so oft wie möglich, ob du dich in Situationen auch wirklich richtig verhalten hast.
- Vermeide Streitereien (oder gar Schlägereien); besser in einer unwichtigen Sache nachgegeben, als sich vor Gericht wegen Körperverletzung mit Todesfolge verantworten zu müssen. Bleib bei Auseinandersetzungen immer sachlich und mach andere darauf aufmerksam, wenn sie unsachlich werden!
- Sei hilfsbereit, biete z.B. schlechteren Schülern auch mal Hilfe beim Lernen an.
- Sei vertrauenswürdig! Lästere nicht und mach dich

nicht mit anderer Leute Geheimnissen wichtig! So sinkst du nämlich sehr schnell in der Achtung deiner Mitschüler und bist bald als Lästermaul und Tratschtasche verschrien.

● Verteidige deine schwächeren Mitschüler gegen ihnen widerfahrenes Unrecht! Zeig also Courage!

wohin die reise geht – das ziel erfolgsschüler!

Stärken und Schwächen herausfinden, an dir arbeiten, auf den Lehrer hören, besser werden wollen ... wo soll das nur hinführen – hört sich verdammt nach Strebertum an. Oder?

Irrtum! Natürlich sollen und werden deine Noten mit dieser Methode des Aufspürens eigener Schwächen im Lauf der Zeit besser, aber zum Erfolgsschüler gehört erheblich mehr als nur Einsen und Zweien im Zeugnis! Was, das wollen wir dir an einigen Beispielen zeigen:

Herbert Krawuttke sitzt von morgens bis abends über seinen Schulbüchern und lernt. Die Schule nimmt für ihn höchsten Stellenwert ein, sein Privatleben wird, wenn auch nur gezwungenermaßen, von Familienfeiern und Kirchgängen »aufgelockert«. Sein Fehlstundenkonto ist null, selbst mit 40° Fieber schleppt er sich in die Schule. Wird er von seinen Mitschülern um Hilfe bei den Hausaufgaben gebeten, so rückt er sie nur widerwillig raus oder zieht sich (was ihm lieber ist) mit fadenscheinigen Ausreden aus der Affäre. Seine Mitschüler sind ihm egal, und aus Angst, es sich mit dem Lehrer zu verscherzen, hält er sich bei Diskussionen, die über das Unterrichtsgeschehen hinausgehen, zurück.

»Üb immer Treu und Redlichkeit«, ist sein Lebensmotto; sein Berufsziel ist Beamter.

Herbert ist sicherlich ein guter Schüler – aber kein Erfolgsschüler.

Randolf Rübel lernt ebenfalls viel für die Schule, hat aber neben seinem schulischen Engagement auch noch ein recht ausgefülltes Privatleben (Rugby, Wasserpolo, Wehrsportgruppe, Schützenverein, Frauen ...). Seine Devise im Leben lautet: »Fressen oder gefressen werden«. Entsprechend nutzt er seine Klassenkameraden aus, wann immer es geht, um sie dann anlässlich einer Diskussion oder eines Referats ganz kräftig in die Pfanne zu hauen. Er möchte Börsenmakler oder Großkapitalist werden, ist mit der Hälfte des Lehrerkollegiums per du, verweigert strikt jede Hilfe bei Hausaufgaben und vertritt in Diskussionen grundsätzlich den Standpunkt des Lehrers.

Randolf ist sicherlich ein guter Schüler – aber kein Erfolgsschüler.

Lisa Sacht ist eine nette, immer gut gelaunte Zeitgenossin und recht beliebt bei ihren Klassenkameraden. Sie ist fleißig, was sich an ihren Leistungen auch erkennen lässt. In Diskussionen lässt sie sich leicht unterbuttern. Wenn ihr Freund Randolf die Hausaufgaben von ihr fordert, bekommt er sie immer, obwohl sie bisher unter ihm nur gelitten hat. Da Lisa eher zurückhaltender ist, kommt sie bei der Benotung immer eher etwas schlechter weg als zu gut. Ihre Refe-

rate lässt sie sich schnell zerpflücken und kaputt-
reden, da sie sich um des lieben Friedens willen
besser nicht auf eine Diskussion einlässt. Ihr Le-
bensmotto ist, »Lieber ungerecht behandelt wer-
den als Feinde haben«.
Lisa ist sicherlich ein gute Schülerin – aber keine
Erfolgsschülerin.

Der Erfolgs- Der Erfolgsschüler ist ein zielstrebiger, energiegeladener,
schüler hat lebensfroher Mensch, der weiß, was er will, und seinen
sein Leben Weg geht. Er hat sein Leben im Griff und solide organi-
solide siert. Schule ist für ihn zwar wichtig, aber nicht das Maß al-
organisiert. ler Dinge. Er stellt sie auch mal zurück – schließlich ist man
nur einmal jung!

Das unterscheidet ihn von Herbert Krawuttke, der bestimmt nie etwas wirklich Lebenswertes erlebt. Auch wird
er nicht zum Spielball des Schicksals und der Mitschüler
wie unsere Lisa Sacht, da er sein Ziel vor Augen hat: persönliche Zufriedenheit und ordentliche Noten in der Schule. Der
Erfolgsschüler hat es auch nicht nötig, dem Lehrer in den
Hintern zu kriechen (wie unser Randolf) – vielmehr bringt
ihm seine ehrliche, offene Art eine Menge Sympathie ein.
Er nimmt die soziale Verantwortung gegenüber seinen
Klassenkameraden wahr, setzt sich auch für sie ein, ist
hilfsbereit und erarbeitet sich seinen Erfolg nicht auf Kosten anderer. Der Erfolgsschüler ist selbstsicher, aber dennoch selbstkritisch. Er ist gesund, vital, verfügt über gute
Allgemeinbildung, einen guten Diskussionsstil und legt ein
angenehmes Erscheinungsbild an den Tag. Wenn es darauf ankommt, kennt er – im Schulleben jede Menge
Tricks und Kniffe (gerade im Umgang mit den Lehrern), um
sich einen Teil der Arbeit vom Hals zu halten und den Lehrern Wissen vorzugaukeln, wo er gar keines besitzt.

Alles in allem ist ein Erfolgsschüler jemand, der mit einem Minimum an Aufwand ein Maximum an Erfolg hat.

Nach dieser Skizze eines geradezu künstlichen Übererfolgsmenschen kann man zu Recht frustriert sein! Niemand ist wirklich so perfekt!

Wir wollten damit aber ein Ideal aufzeigen, dem sich anzunähern sehr lohnenswert sein kann. Tatsächlich wird es hoffentlich nirgendwo ein solches Idealbild geben. Denn in jedem von uns steckt ein bisschen Herbert, schlummert der Randolf oder die Lisa im Innersten.

Aber in jedem steckt auch mit Garantie etwas vom Erfolgsschüler und dies gilt es zu wecken! Schade ist nur, dass erst die Versetzung gefährdet sein muss, damit sich einige Zeitgenossen auf den Hosenboden setzen und zeigen, was wirklich in ihnen steckt! Warum sollte es dir also mit unserer Strategie nicht gelingen, diesen Erfolgsschüler in dir wachzurütteln und langsam, aber sicher besser zu werden, sodass die Schule ihren Schrecken verliert, die Freizeit noch schöner, länger und erholsamer wird und eine Versetzungsgefährdung so ziemlich das Allerletzte ist, was dir Sorgen bereiten muss. Niemand erwartet von dir, dass du nun einen neuen Menschen aus dir machst. Dass du – obwohl in Physik immer auf 5 – nun in zwei Wochen Promotionsreife erlangst oder vor dem Abendessen noch einmal rasch die Quantenmechanik neu definierst. Aber mit dem Versuch, ein bisschen mehr Erfolgsschüler zu sein als bisher, ist dir Folgendes sicher:

Niemand erwartet von dir, dass du einen neuen Menschen aus dir machst.

- Zunehmende Selbstzufriedenheit, weil man weniger Sorgen in der Schule hat
- Gehobeneres Selbstwertgefühl (du weißt: Wenn du willst, kannst du dich aus eigener Kraft verbessern und hast dies bewiesen)
- Weniger Stress, da der Leistungsdruck von außen abnimmt
- Lob des Lehrers

- Lob der Eltern (häufig auch finanziell ein warmer Regen!)
- Mehr Freizeit
- Mehr Spaß an der Schule (begünstigt die Leistungsbereitschaft!)
- Besseres Auskommen mit den Klassenkameraden
- Bessere Zukunfts- und Berufsaussichten durch bessere Noten

Was du von den im Folgenden vorgeschlagenen Strategien und Tricks für dich übernimmst, bleibt ganz allein dir selbst überlassen, wobei aber eines feststeht: Du arbeitest dann erfolgreicher, unabhängiger, hast mehr Freiräume und Ruhe für dich. Vergiss aber nie, dass du bis dahin viele kleine Schritte tun musst und du dich von dem einen oder anderen Misserfolg nicht aus der Bahn werfen lassen darfst.
Aber glaub uns: Es lohnt sich.

checkliste
Das Bild vom eigenen Ich

Am Anfang allen Tuns steht die Selbsterkenntnis:
- Sei selbstkritisch mit dir
- Sei konsequent gegenüber deinen Schwächen
- Die Ursachen für zu geringen Erfolg liegen fast immer bei dir
- Dein Erfolg liegt also in deiner Hand

Suche zunächst nach Schwächen
und unterscheide:
- fachübergreifende Schwächen
- fachspezifische Schwächen

Motiviere dich, sie zu ändern
und zu Stärken zu machen:
- Suche nach deinen Stärken, nutze sie voll aus
- Orientiere dich dabei an: Lehrern, Eltern, Freunden, Bekannten/Verwandten

Hab dein Ziel vor Augen: den Erfolgsschüler
- Selbstbewusst – selbstkritisch
- Zielstrebig – hilfsbereit
- Mit guter Allgemeinbildung
- Trickreich-flexibel
- Vertrauenswürdig
- Gut organisiert

Mehr Erfolg in der Schule verspricht:
- Selbstzufriedenheit
- Lob von Eltern und Lehrern
- Weniger Stress – mehr Freizeit
- Mehr Spaß an der Schule
- Akzeptiert von den Klassenkameraden
- Bessere Berufsaussichten

fit for fun

Fitness und äußeres Erscheinungsbild

Nachdem wir im vorangegangenen Kapitel die »Bestands-aufnahme« hinter uns gebracht, also Stärken und Schwä-chen aufgedeckt haben, geht es nun darum, auf Worte Ta-ten folgen zu lassen! Nach dem Motto: »Die Verpackung ist die Hälfte des Geschenks« erfährst du in diesem Kapi-tel, wie man nicht nur durch Können und Wissen abräu-men kann, sondern auch durch das richtige Auftreten und ein ansprechendes Erscheinungsbild.

when you feel good, you look good –
dein äußeres erscheinungsbild

Mach dir klar, dass während des Unterrichts deine Person zur Bewer-tung steht. Die Bedeutung, die dein Auftreten gegenüber dem Lehr-personal hat, wird dann am deutlichsten, wenn du dir klar machst, dass während des Unterrichts zu jedem Zeitpunkt deine Person zur Bewertung steht. Dazu gehören sowohl das, was du fachlich zum Unterricht beiträgst, als auch die Art und Weise, wie du dies tust. Und genau an dieser Stel-le liegt ein entscheidender Knackpunkt, der von den meis-ten ungebührlich vernachlässigt wird:
Für einen Menschen müssen gewisse Grundbedürfnisse erfüllt sein, damit er in der Lage ist, geistige und körperli-che Leistung zu erbringen. Um also das, was du drauf hast, so zielgerichtet wie möglich einzubringen und damit ein Maximum an Leistung zu zeigen, bedarf es alles in allem eines gesunden und ausgeruhten Körpers. Das ist aber gar nicht so selbstverständlich, wie du vielleicht annimmst, wenn man sich die übermüdeten, nach Nikotin riechenden und Aspirin futternden Gestalten so mancher Klassen in der ersten Stunde ansieht.

Klar, dass jeder Lehrer, wenn er nicht selbst zu dieser Spe-
zies morgendlicher Erscheinung gehört, nicht sonderlich
begeistert von einem solchen Auftreten sein wird. Es liegt
also einmal mehr an dir, dafür zu sorgen, dass du einigermaßen motiviert, ausgeschlafen, bequem gekleidet und
nicht hungrig oder krank im Unterricht erscheinst.

a hard day's night – mit schlaf zum erfolg

Alle Nachtarbeiter, Liebes- und Lustwandelnden, alle Dis-
cofreaks und Kneipengänger wissen ein Liedchen davon
zu singen: Leistungskiller Nummer eins aller Schüler ist
fehlender Schlaf. Er ist es, der die ersten Stunden des Tages unerträglich macht, die Anziehungskraft von Kaffeeau-
tomaten beträchtlich erhöht und dir so ziemlich alles egal
sein lässt, wenn du nur deine Ruhe hast und vor dich hin-
dösen kannst. Ausreichend Schlaf ist also erforderlich:
Idealerweise sollte jeder so viel Schlaf haben wie er
braucht (ist je nach Alter und Person sehr unterschiedlich),
aber mit sieben bis acht Stunden pro Nacht ist man gut be-
dient und sollte sich einigermaßen fit fühlen. Bei Problemen mit dem Ein- oder Durchschlafen (das kommt schon
mal vor, wenn Arbeiten oder Tests anstehen), kann man
es mit Baldrian und Hopfenkapseln aus der Apotheke probieren, auch das eine oder andere Gläschen vor dem Zu-
bettgehen hat schon so manchen sanft zum Einschlum-
mern gebracht.

**Leistungs-
killer Num-
mer eins ist
fehlender
Schlaf.**

Für alle notorischen Morgenmuffel haben wir hier ein paar
Tipps, die eigentlich jeden auf die Beine bringen sollten:

- Einige Minuten zum Wachwerden mit einplanen (z.B.
  Wecker mit Nachweckfunktion)
- Mit Musik wach werden und aufstehen
- Wechselduschen (kalt-warm) und Trockenrubbeln mit
  rauem Handtuch regen den Kreislauf an

- Kopf in Waschbecken mit eiskaltem Wasser tauchen
- Stress am Morgen vermeiden
- Etwas Bewegung nach dem Aufstehen, z.B. Liegestütze, Kniebeugen, zügiger Spaziergang zum Bus, bringen den Kreislauf in Schwung
- Bei einem Kater helfen Joghurt und Calcium-, Magnesium- und Vitamintabletten. Außerdem viel Flüssigkeit in Form von Fruchtsäften (am besten frische) und Mineralwasser. Bei Bedarf kann noch ein Aspirin genommen werden.

Ausgeschlafen kannst du mit vollen Batterien in den Tag starten und sogar schon in der ersten Stunde, wo deine Mitschüler noch das letzte Stündchen Schlaf nachholen, voll lospowern.

fitness für den ganzen tag – das optimale frühstück

Gerade für Morgenmuffel ist genauso wichtig wie ausreichend Schlaf ein Frühstück, das den Widrigkeiten des Tages gerecht wird, und für das es sich auch aufzustehen lohnt.

Wen von uns zieht es nicht aus dem Bett, wenn frischer Kaffee und knusprige Brötchen ihren Duft verbreiten und den üppig gedeckten Frühstückstisch verheißen?

Das Frühstück ist deine Grundenergieladung, mit der du in den Tag startest. Kommen wir also zum Frühstück, der ersten und zugleich wichtigsten deiner Mahlzeiten. Der Kalorienbedarf bei geistiger Arbeit an einem normalen Schultag ist (obwohl sie ja vorwiegend im Sitzen stattfindet) genauso groß wie der Kalorienbedarf bei mittelschwerer körperlicher Arbeit (5000 – 6000 Kilokalorien pro Tag). Das Frühstück ist somit deine Grundenergieladung, mit der du in den Tag startest. Es sollte demnach auf gar keinen Fall unter Zeitdruck eingenommen werden oder gar ganz ausfallen.

Das Motto, das für den Morgen gilt, ist: 30 Minuten früher aufstehen bringt mehr als 30 Minuten länger schlafen! Wichtig ist – und das kann man gar nicht oft genug wiederholen –, dass der Morgen ohne Stress beginnt.

energie für zwischendurch – das pausenbrot

Obgleich nicht ganz so wichtig wie das Frühstück, wird die Bedeutung des Pausenbrots ebenfalls oft unterschätzt. Vertrieben vom McDonalds Frühstücksservice, den Nougatringen aus der Schulcafeteria und dem ebenso bunten wie kalorienhaltigen Angebot an Schokoriegeln der Automatenaufsteller, fristet es völlig zu Unrecht ein stiefmütterliches Dasein: das Pausenbrot.

Wie nun deine Pausenverpflegung aussieht, bleibt dir überlassen; der Phantasie und deinem Geschmack sind keine Grenzen gesetzt. Behalte aber im Auge, dass es sich hierbei um deine Energieration für Zwischendurch handelt, was bedeutet, dass Schokoriegel und mit Mayonnaise zugepflasterte Baguettes aus der Metzgerei nur eine Notlösung sein sollten.

den tag einteilen – der richtige tagesrhythmus

Kaum einem Schüler, gerade in den oberen Klassen, wird es gelingen, jeden Tag zur selben Zeit zu Mittag zu essen, zu lernen, Freizeit zu haben oder Sport zu treiben. Die Stundenpläne reichen von frühmorgens bis spätnachmittags und machen somit einen regelmäßigen Tagesablauf nahezu unmöglich. Trotzdem solltest du auf jeden Fall versuchen, unter der Woche ein Minimum an Regelmäßigkeit in deinen Tagesablauf zu bringen, damit sich dein Körper darauf einstellen kann.

Ausreichend Schlaf und eine ausgewogene Ernährung sind das Mindeste, auf das ein Körper Anspruch hat, wenn du Leistung von ihm erwartest. Versuch darüber hinaus, einen Tagesrhythmus einzuhalten, der an aufeinander folgenden Tagen ähnlich ist, sodass Essenszeiten, Lernzeiten und Freizeiten ungefähr gleich liegen. Wenn du also beispielsweise die Essenszeiten unmittelbar nach dem Aus-der-Schule-Kommen ansetzt und danach ein bis zwei Lernstündchen einplanst, hast du den Nachmittag für Freunde, Freundinnen, Sport oder sonst irgendwas frei und kannst dich, bis zum Zapfenstreich gegen 21/22 Uhr, ordentlich austoben, doch dazu mehr im Kapitel: »Das Selbstmanagement«.

von »I'm sailing« bis »schiiiiifoan« – freizeitsport

Wer den ganzen Tag lang nur im Sitzen arbeitet und mehr den Kopf als die Beine anstrengt, belastet seinen Körper sehr einseitig. Folgen sind häufig Verspannungen (z.B. im Schulterbereich), geringe Kondition und Anfälligkeit für Krankheiten.

Es ist erwiesen, dass Sport in Maßen dem Körper erheblich mehr nutzt als schadet, sodass allen Sportmuffeln mit dem Motto »Sport ist Mord« ein Absage erteilt werden muss. Sport dient aber nicht nur dem körperlichen Ausgleich zur sitzenden Schul- und Lerntätigkeit, sondern ist auch stressabbauendes Mittel und kontaktförderndes Element. Und last but not least hat schon so mancher Freizeitsportler seine Sportnote damit aufpeppen können.

Optimaler Freizeitsport macht Spaß, steigert das persönliche Wohlbefinden ungemein und trägt positiv zum Erscheinungsbild bei. Wir empfehlen dir täglich eine kleine sportliche Betätigung (z.B. Gymnastik, Fahrrad fahren, Inline skaten oder Joggen kann auf dem Schulweg schon ausreichend sein). Ein- bis zweimal in der Woche solltest du dann auch über mehrere Stunden Sport treiben. Erlaubt ist, was gefällt und Spaß macht: Badminton, Ballett, Tennis, Schwimmen, Turnen oder Segeln. In jedem Fall sollte der ganze Körper beansprucht werden (Schach und Hochleistungshalma wären also nicht in diesem Sinne!).

Vorsicht ist bei besonders verletzungträchtigen Sportarten geboten (z.B. Motocross, Hochhausfreeclimbing, Rugby, Thai- und Kickboxen, Polo, S-Bahn-Surfen ...). Du solltest bedenken, dass dir schwere Sportverletzungen, z.B. Bänderrisse, Schädelhirntraumen und Trümmerfrakturen etliche Wochen Krankenhausaufenthalt bescheren und dich auf diese Weise in der Schule weit nach hinten werfen können. **Vorsicht bei verletzungsträchtigen Sportarten!**

Für die Vollschlanken unter uns: Abschließend sei noch erwähnt, dass eine nicht zu unterschätzende Nebenwirkung des Sports eine zusehends athletischere Figur ist!

kleider machen leute – dein outfit

Für den einen von euch ist die Kleidung sein Ein und Alles, dem anderen ist sie schnurzpiepegal. Egal, wie du nun zur Kleidungsfrage in der Schule stehst, es ist nicht von der Hand zu weisen, dass deine Kluft ganz erheblich zum Erscheinungsbild allgemein beiträgt und deshalb nicht völlig vernachlässigt werden sollte.

Klar, dass jeder das anziehen sollte, was ihm gefällt und worin er sich wohl fühlt – selbstbewusstes Auftreten ist wichtig und niemand sollte sich verkleidet fühlen. Dennoch wollen wir darauf hinweisen, dass das Sprichwort »Kleider machen Leute« nicht umsonst existiert, und selbstverständlich lassen sich Lehrer von der Kleidung ihrer Schüler beeinflussen, auch wenn sie es nicht zugeben.

Unabhängig vom eigenen Kleidungsstil solltest du in sauberer und intakter Kleidung im Unterricht erscheinen. Ein Auftreten barfuß, in einer von Motten zerfressenen und nach Kloake riechenden Auswahl aus der städtischen Lumpensammlung, könnte seitens der Lehrerschaft als Protest gegen ihren Unterricht aufgefasst werden. Ebenso nachteilig kann sich aber auch eine zu festliche Garderobe erweisen. Man stelle sich vor, die Mädchen kämen im kleinen Schwarzen, mit hochhackigen Schuhen und Glitzerjäckchen in die Stunde. Oder die Jungen liefen im Frack mit Fliege und Lackschuhen auf!

Dein Lehrer muss sich entweder schlichtweg verarscht vorkommen, oder er fühlt sich in seinen Birkenstocklatschen und den verwaschenen Jeans plötzlich nur noch klein und schlecht. In beiden Fällen könntest du der Leidtragende sein. Denn natürlich will er dir zeigen, wer hier wen verarscht und wer von euch beiden klein und schlecht ist – er wird dich durch die Mangel drehen.

Versuch gepflegt, aber nicht gelackt in Erscheinung zu treten Versuch also, gepflegt, aber nicht gelackt in Erscheinung zu treten – vermeide Krawatten, Jesuslatschen, Fliegen, Strapse, übertrieben festliche Kleidung, tiefe Ausschnitte, abgerissene und aufgeschnittene Jeans, verschmierte Lederjacken, extrem kurze Minis, Stehkragen mit Halsbinden – kurz: alles Absonderliche und Abstoßende an deiner Erscheinung.

wasser marsch – die richtige körperhygiene

Die beste und gepflegteste Kleidung nutzt nur sehr wenig, wenn du deinem Lehrer mit den Ausdünstungen eines ranzigen Aales unter die Nase trittst und schon von weitem riechst wie Laternenpfahl ganz unten. Sehr lästig für ihn also, wenn er deinetwegen und zum Wohle aller Anwesenden selbst bei Frost Unterricht nur mit geöffnetem Fenster oder besser gleich im Freien stattfinden lassen muss.

Aufgrund unserer persönlichen Erfahrung mit solchen Mitschülern (gerade in den Sommermonaten!) sehen wir uns leider gezwungen, auf eine Problematik hinzuweisen, die in einem Land mit nahezu überall fließendem Wasser wohl immer noch nicht bei allen selbstverständlich ist: die tägliche Körperpflege.

Mangelnde Hygiene ist dem persönlichen Erscheinungsbild abträglich wie nichts sonst (zumindest bei allen Lehrern, die nicht selbst in der Schule riechen wie ein überbesetzter Pumakäfig, oder die über keinen Geruchssinn mehr verfügen). Nicht nur mit Rücksicht auf Mitschüler und Lehrer lohnt es sich auf gepflegte Erscheinung zu achten. Schließlich ist nicht nur die Organisation des schulischen Erfolgs, sondern auch ein ansprechendes Auftreten entscheidende Schritte in Richtung der guten Noten.

checkliste
Fitness und äußeres Erscheinungsbild

- Genügend **Schlaf** (mind. 7-8 Stunden)
- Langsam wach werden
- **Musik** hören
- Wechselduschen
- **Frühsport**
- Ausreichend und in **Ruhe** frühstücken
- Schmackhaftes Pausenbrot
- Freizeitsport treiben
- Täglich für **Bewegung** sorgen
- Wöchentlich über mehrere Stunden sportlich aktiv sein
- Kleidung zum **Wohlfühlen**: bequem aber trotzdem gepflegt
- Auf **Körperhygiene** achten

dein schulleben im griff

Das Selbstmanagement

Durch das richtige Management wirst du unabhängiger. Um in der Schule und im Privatleben sein eigener Herr zu sein, ist es neben den im Kapitel »Fitness und äußeres Erscheinungsbild« schon erwähnten Voraussetzungen sehr wichtig, dein Schulleben richtig zu organisieren, es zu managen. Das fängt beim Einrichten deines Arbeitsplatzes zu Hause an, geht über die richtigen Arbeitsmaterialien, die effektivste Heftführung bis hin zu einer vorausschauenden, soliden und flexiblen Zeitplanung, damit du nicht in Zeitnot und Stress kommst und so leistungsstark wie möglich arbeitest. Durch das richtige Management gewinnst du ein großes Maß an Unabhängigkeit und hast die Möglichkeit, neben der Schule mehr Zeit für deine privaten Interessen aufzuwenden, ohne die Schule zu vernachlässigen.

Folgendes Beispiel soll dir die Notwendigkeit einer soliden Organisation vor Augen führen, und vielleicht erkennst du dich ja sogar wieder.

savoir vivre – von der kunst, sich effektiv zu organisieren

Montag
Daniel Dusselig erfährt in der Schule, dass sein Biologielehrer Dr. Unkraut in sieben Tagen die Biologiehefte einsammeln will, um sie durchzusehen und zu benoten – kein Problem, denkt sich Daniel und hat dabei die reichlich bemessene Arbeitszeit vor Augen. Auf sein Erinnerungsvermögen vertrauend, notiert er sich den Abgabetermin nicht.

Freitagabend
Während der gesamten Woche lagen keine Klausuren an, also haben Danni und sein Freund Basti Budenschmunz ordentlich abgefeiert. Bei einer der Kneipentouren kommt man auf Bio zu sprechen, und so wird unser Freund daran erinnert, dass er noch zwei Tage Zeit hat, sein Bioheft zur Abgabe aufzubereiten – aber das sei, so sein Freund Basti, kein Grund zur Sorge, denn er habe auch noch nicht damit angefangen. Daniel beschließt, gleich morgen früh das Heft herauszusuchen und so aufzuarbeiten, dass er es rechtzeitig und in gutem Zustand abgeben kann.

Samstagvormittag
Nachdem Daniel mit dröhnendem Kopf aufgewacht ist und lebenslange Enthaltsamkeit geschworen hat, begibt er sich auf die Suche nach seinem Bioheft. Seltsamerweise kann er es nicht finden, obwohl er ganz genau weiß, dass er es vor zwei Monaten irgendwo zwischen seiner Nacktheftesammlung und den Picture-Books der Kelly-Family abgelegt hatte. Seitdem hat er den Unterrichtsinhalt nur noch auf Schmierzetteln mitgeschrieben, von denen allerdings die Mehrzahl in die Altpapiertonne gewandert ist. Und mit den übrig Gebliebenen kann er nicht viel anfangen. Das Datum fehlt grundsätzlich, was das Ordnen der Zettel unmöglich macht, und außerdem ist jede Notiz mit Schmierzeichnungen und Briefwechseln übersät.
Daniel beschließt entnervt, die Suche nach dem Bioheft auf den nächsten Tag zu verschieben.

Sonntag

Verdammt – er hatte ganz vergessen, dass er heute mit seiner Schulmannschaft ein Basketballspiel hat!

Als er um 21 Uhr zurückkehrt, entdeckt er beim Wegräumen der Sportschuhe das gesuchte Heft im Kleiderschrank – es befindet sich in einem furchtbaren Zustand.

Beim Abschreiben des Heftes gibt allerdings die Patrone seines Füllers nach der dritten Seite den Geist auf, was ihn zwingt, mit Kugelschreiber fortzufahren – eine Maßnahme, die das neue Heft nicht unbedingt verschönert. Da Daniel keine Buntstifte besitzt, fertigt er die Buntzeichnungen in Kuliblau und mit den Wachsmalstiften seiner dreijährigen Schwester an. Die Linien, die er zieht, sehen aufgrund seines vollkommen zerscharteten Lineals ziemlich tatterig aus. Dazu schreibt er noch das, was auf den Zetteln steht und legt sich um 2 Uhr nachts ins Bett.

Montag

Heftabgabe – ein kurzer Erfahrungsaustausch tröstet Daniel –, Basti ist es nicht viel besser ergangen, wobei dieser die Themenbereiche, die ihm fehlten, aus dem Buch abgeschrieben hat.

Donnerstag

Die Rückgabe der Hefte beschert unseren Freunden zwei dicke Fünfer – ihre Banknachbarn Ulf und Lisa jedoch kassieren eine Eins und eine Zwei. Neidzerfressen verlassen die beiden am Nachmittag den Schulhof und schwören sich, dass beim nächsten Mal alles besser wird.

Warum haben die beiden diese Heftabgabe so versaubeutelt? Die Antwort ist so nahe liegend wie einfach: Durch falsche Organisation ihres Schullebens!

● Der erste Fehler ist, dass das heimische Arbeitsumfeld der beiden einem Trümmerhaufen ähnelt (Heftaufbewahrung und -suche).

→ **Ordnung in schulischen Dingen ist von größter Bedeutung.**

● Außerdem haben die zwei eine schlampige Heftführung, was dazu führt, dass sie mit den Unterrichtsmitschriften überhaupt nichts anfangen können.

→ **Ordentliche Heftführung ist eine große Hilfe.**

● Hinzu kommt, dass beide keinen Kalender führen, somit weder Heftabgabe noch Basketballspiel notieren und eine böse Überraschung erlebten.

→ **Effiziente Zeitplanung und Zeitmanagement sind für den schulischen Erfolg enorm wichtig!**

● Zu guter Letzt: Die Arbeitsmaterialien sind, sofern überhaupt vorhanden, in einem katastrophalen Zustand.

→ **Das Schulwerkzeug muss vollständig, von solider Qualität und immer in Schuss sein.**

So oder so ähnlich sollte eine Erfolgsorganisation aussehen:

wie man sich bettet ... – die richtige ordnung im zimmer

»Ordnung ist das halbe Leben« – eigentlich ein kluger Satz. Wenn dein Zimmer aussieht, als hätte eine Wasserstoffbombe eingeschlagen, ist ein effektives und leistungsorientiertes Arbeiten praktisch unmöglich.

Zunächst einmal sollten das Private und das Schulische strikt voneinander getrennt werden: Schaff dir für deine Schulhefte und Schulbücher entsprechende Fächer oder

Schubladen an oder richte vorhandene ein. Sie sind ausschließlich dafür reserviert! Such dir auch für deinen Sportbeutel, deine Zeichenmappe und deine Schultasche feste Plätze, sodass du nicht das ganze Haus danach umgraben musst. Sorge dafür, dass dein »Arbeitsplatz« immer aufgeräumt ist.

Dein Schreibtisch sollte groß und funktional sein sowie auch Platz für einen Computer mit Drucker bieten, dessen Benutzung wir dir ans Herz legen. Mit ihm ersparst du dir nach einer kurzen Anlern- und Eingewöhnungsphase eine Unmenge an vermeidbarer Arbeit – vielleicht kannst du ja auch den eines anderen Familienmitgliedes mitbenutzen.

Der Einsatz eines Computers ist wichtig und sinnvoll. Über den Einsatz eines Computers im Schulalltag kann zweifellos ein eigenes Buch geschrieben werden, deshalb an dieser Stelle nur so viel: Wichtig und sinnvoll sind auf jeden Fall ein gutes Textverarbeitungsprogramm (z.B. Word) sowie eine bedienerfreundliche Tabellenkalkulation (z.B. Excel). Textverarbeitung und Tabellenkalkulation nützen dir ohne Drucker so gut wie nichts, wobei ein Tintenstrahl-Schwarz-Weiß-Drucker auf jeden Fall eine preislich ebenso angemessene wie funktional zweckmäßige Lösung darstellt. Mach deinen Computer auch unbedingt fit fürs Internet. Wie du dieses für die Schule Gewinn bringend nutzen kannst, zeigen wir dir im Kapitel »E-m@il für dich – Das Internet«.

Die Vorteile des Computers liegen aber auf der Hand: Mit ihm erstellt, sehen deine Schriftstücke professioneller aus, weil Schriftgrößen und -typen variiert werden können. Und: Du kannst Änderungen innerhalb von Sekunden vornehmen, ohne gleich eine ganze Seite neu tippen oder mit der Hand schreiben zu müssen (sehr hilfreich bei der Anfertigung von Hausarbeiten und Referaten!). Die Verwaltung und Aufbewahrung deiner Texte auf Diskette kostet wenig Platz und erspart lästiges Suchen. Erstellte Grafiken und Tabellen können auf Folie gedruckt werden und stehen so z.B. bei einem Vortrag zur Verfügung.

Zurück aber zu deinem heimischen Arbeitsplatz: Wichtig ist, dass du dich dort, wo du deine Leistung erbringen musst, auch wohl fühlst!

Schaff dir einen bequemen Stuhl an, sorge für ein angenehmes Klima und lüfte häufig durch.

Wichtig ist ein ruhiger Arbeitsplatz, am besten ein eigenes Zimmer. Es ist schwierig, sich die Theorie der Energiequantelung zu erklären, wenn in der anderen Zimmerecke dein kleiner Bruder seinen Freundinnen die Sahnestücke seiner *Metallica*-Sammlung in einer Lautstärke präsentiert, dass der Putz von der Decke fällt. Versuch also, Ruhe zu schaffen und, wenn nötig, dich mit anderen Familienmitgliedern abzusprechen!

Lege dir auch eine sehr helle Schreibtischlampe (100 Watt) zu, und stell deinen Schreibtisch in einen möglichst hellen Raumbereich (Fensternähe)!

Es macht wesentlich mehr Spaß und ermüdet weniger, an einem lichtreichen Schreibtisch zu arbeiten, als sich während des Lernens wie in einem dunklen Kerkerverlies vorzukommen.

Wichtig ist, dass du dich dort, wo du deine Leistung erbringen musst, auch wohl fühlst!

das zeug zum erfolg – die richtigen arbeitsmaterialien

Versiffte Hefter, zerbrochene Bleistifte, zerfressene Füller, beschmierte Rucksäcke und Federmäppchen – oft misst man dem »Arbeitswerkzeug«, mit dem man tagtäglich umgeht, nur geringe Bedeutung bei. Man ist zu faul, um sich anständige Stifte oder einen neuen Spitzer zu kaufen, weil es die alten doch noch tun, man hängt an dem gammeligen und zerfledderten Federmäppchen, weil so viele Freunde sich darauf verewigt haben, man gibt den total zerschlissenen Rucksack nicht her, weil es in ist, Gammellook zu tragen.

Wer an den Arbeitsmaterialien spart, tut dies genau an der falschen Stelle. Stifte, Zirkel, Mappen, Lineal ..., sie sind **Jedes** das Werkzeug, mit dem du deinen schulischen Erfolg erar-**Arbeitsgerät** beitest! Deine Arbeitsmaterialien sollten von guter Quali-**sollte seinen** tät sein, sorgsam »gewartet« werden und bei Beschädi-**festen Platz** gung sofortigen Ersatz oder Reparatur erfahren, dann las-**haben.** sen sie dich auch nicht im Stich. Mit den richtigen Arbeitsmaterialien hast du mehr Spaß am Arbeiten, weil du dich nicht ständig z.B. mit abgebrochenen Bleistiften, zerscharteten Linealen, kaputten Zirkeln etc. rumschlagen musst. Die Arbeit geht schneller von der Hand geht, insbesondere wenn gilt: Für jedes Arbeitsgerät seinen festen Platz.

gut getimt ist halb gewonnen – die richtige zeitplanung

Was nutzt dir das beste Arbeitsgerät, wenn du nicht verstehst, es richtig einzusetzen, sprich: deine Zeit so schlecht und konfus einteilst, dass ein konzentriertes und angemessenes Arbeiten gar nicht möglich ist?

Es ist ein ungeschriebenes Gesetz, dass Arbeit, die in der Schule anfällt, nie regelmäßig auf einen zukommt, sondern meist in Schüben von lauen Phasen und Phasen, in denen man vor Arbeit nicht mehr weiß, wo man anfangen soll. Da hilft es nichts, den Kopf in den Sand zu stecken und die Arbeit vor sich herzuschieben, denn was zu machen ist, muss irgendwann erledigt werden, und zwar nicht irgendwie, sondern so perfekt als möglich.

Da schulische Arbeiten (Hausaufgaben, Klausuren, Referate, Protokolle, Hausarbeiten etc.) im Regelfall rechtzeitig angekündigt werden, ist eine vorausschauende und flexible Zeitplanung deinerseits möglich.

Wir legen dir dazu unbedingt ans Herz, einen oder besser noch zwei Kalender zu führen: Einen kleinen (Monatsplaner, eine Zeile pro Tag), den du ständig bei dir tragen kannst, um in ihm die wichtigen Dinge zu notieren, und einen größeren Kalender (DIN-A5 oder DIN-A6, eine Seite pro Tag), in dem du für jeden Tag eine Zeiteinteilung in Stunden und einigen Raum für Notizen hast.

Recht teuer, aber oft eine Anschaffung für viele Jahre sind lederne Ringbücher, für die es jedes Jahr neue Einlageblätter gibt. Sie können auf die persönlichen Bedürfnisse zugeschnitten werden und sind in den unterschiedlichsten Preis- und Ausstattungsvarianten zu haben.

Vorteilhaft ist es auch, wenn du dir einen kleinen »Erledigungszettel« anlegst, der die Aktivitäten/Besorgungen der nächsten Tage festhält und den du bequem bei dir tragen oder in den kleinen Kalender einlegen kannst. So hast du die Möglichkeit, binnen weniger Sekunden deine Planung zu überprüfen, ohne deine ganze Tasche nach Kalendern durchwühlen zu müssen. Wir raten dir auch, dich bei deinem Kalenderkauf für ein Exemplar zu entscheiden, das über eine bloße Zeitplanung hinausgeht und beispielsweise zusätzlich Adress- und Telefonnummerverwaltung, Geburtstagstermine, Notenregistrierung oder eine Projektplanung ermöglicht.

So kannst du noch flexibler und effizienter planen und hast eine bessere Übersicht über deine Verpflichtungen. Verwende keinen Computer-Zeitplaner, auch wenn du sicherlich zum Mittelpunkt der Klasse wirst, solltest du während der Physikstunde, von röhrenden elektronischen Pfeifkonzerten begleitet, deinen Tagesablauf checken. Solche Computerzeitplaner sind unübersichtlich, unpraktisch und unhandlich, ganz zu schweigen von der Gefahr eines Defekts oder leerer Batterien – dann kannst du deine gesamten Tages-, Wochen-, Projekt-, Geburtstags-, Adressen-, Notenverzeichnisse und Telefonnummern nämlich noch

Mit einem Kalender kannst du flexibler und effizienter planen.

mal neu eingeben – viel Spaß dabei! Also Finger weg von solch multimedialem Schnickschnack!

time is money – vom umgang mit dem kalender

Jetzt hast du also einen oder zwei Kalender und bist zu Recht etwas ratlos, denn auch der Umgang mit ihnen erfordert einige Gewöhnung:

Von größter Bedeutung und zunächst sicherlich echt ungewohnt für dich ist, dass alles, aber auch wirklich alles (wenn möglich mit Uhrzeit, Zeitdauer und Datum) in den Kalender eingetragen wird. Nur so kannst du dich wirklich darauf verlassen, dass das, was in deinem Kalender steht, auch stimmt, und hast einen Überblick über die Dauer.

Trag Termine (auch wenn sie regelmäßig wiederkehren, wie z.B. Sporttraining) sofort ein, nicht erst irgendwann später, weil häufig dann nur noch die Hälfte von dem stimmt, was du aufschreibst, wenn du es nicht sogar ganz vergisst.

Gewissenhaftes Eintragen der Termine ist wichtig. Nicht nur gewissenhaftes Eintragen der Termine ist wichtig, sondern auch regelmäßiges Reinschauen vonnöten. Überblicke am Anfang einer Woche die Termine von Montag bis Sonntag und am Abend eines Tages die Termine für den kommenden Tag, und du wirst sehen: Überraschungen gibt es in Zukunft weniger, und dein Kopf wird für andere Dinge als Terminplanung frei sein!

Kommt auf dich ein Termin zu, der eine umfangreichere Vorbereitung erfordert, also z.B. eine schriftliche Arbeit oder eine größere Hausaufgabe, überlegst du zunächst, wie viel Zeit dir bis dahin bleibt und was in dieser Zeit für diese Sache alles zu erledigen ist. Nun verteilst du die einzelnen Aktionen innerhalb dieses Zeitraumes auf feste Termine, die du dann aber selbstverständlich einhalten musst (für Verzögerungen am besten immer eine kleine Reserve einplanen) – und fertig ist deine Projektplanung.

42

kleinvieh macht auch mist – freiräume aufspüren und nutzen

Grundsätzlich gilt immer: Je früher etwas erledigt ist, d.h. je früher du mit Planung und Ausführung anfängst, desto besser ist es für dein Vorhaben.

Ein weiterer Vorteil des gewissenhaften Führens eines Kalenders ist, dass er es dir ermöglicht, Freiräume aufzuspüren und zu nutzen. Freiräume sind Zeitspannen zwischen zwei Terminen oder ungenutzte Zeiträume. Hierzu zählen zum Beispiel Busfahrten, Wartezeiten beim Arzt oder einer Behörde, Freistunden oder lange Autofahrten mit den Eltern. Genauso aber auch Ferien, Feiertage und Wochenenden. Hier gilt: »Kleinvieh macht auch Mist«, und kaum einer, der es nicht selbst ausprobiert hat, glaubt uns, wenn wir behaupten, dass gerade in diesen ungenutzt gelassenen Zeiträumen ganz erhebliche Vorarbeit geleistet werden kann, die dann später größere Freiräume für Freunde, Sport und alles andere, was dir wichtig ist, schaffen.

Dazu ein Beispiel:

Während einer 30-minütigen Busfahrt kannst du vielleicht kein Referat ins Reine schreiben, aber deine Geschichts-Hausaufgaben in Stichworten notieren, die dir später das Ausformulieren erheblich verkürzen – zack, schon wieder eine halbe Stunde genutzt, die du sonst mit Kaugummikauen und Nasebohren zugebracht hättest.

Dazu solltest du für ein bis zwei Tage im Voraus konkrete Zeitplanungen (d.h. Termine mit Uhrzeit und Dauer auf dem Tagesplan) vornehmen. Berücksichtige dabei aber, dass du morgens zwischen sieben und zwölf Uhr und abends von 17 bis 20 am leistungsfähigsten bist, du nach zwei Stunden Sport vermutlich kaputter bist als sonst und ein opulentes Mittagsmahl bei deiner Oma dich ebenfalls für ein bis zwei Stunden außer Gefecht setzen kann.

Lern deine leistungsfähigsten Tageszeiten einzuschätzen und zu nutzen.

Lern deine leistungsfähigsten Tageszeiten einzuschätzen und konsequent zu nutzen.

Wichtig bei deiner Zeitplanung ist es außerdem, Prioritäten zu setzen – also Vorhaben, die weniger wichtig sind, aufzugeben bzw. zurückzustellen, um Wichtigeres zu erledigen. So ist es leider schon mal nötig, einen Fernsehabend mit deinem Lover abzusagen oder das Karatetraining ausfallen zu lassen, um für eine Klausur zu lernen oder ein wichtiges Referat vorzubereiten. Allerdings bedeutet das andererseits nicht, dass du wegen jeder popeligen Reli-Hausaufgabe den Geburtstag deines besten Freundes abblasen musst oder einen Kinobesuch sausen lässt – in diesem Fall wärst du wirklich ein Streber. Ein Erfolgsschüler braucht so etwas nicht zu tun – mit der richtigen Zeitplanung hast du es in der Hand.

Sei dir bei der Prioritätensetzung der Gefahr bewusst, dass man meist einer Sache, die dringend (Zeitdruck!) ist, eine höhere Priorität einräumt als einer wichtigen Sache – es gilt: »wichtig vor dringend«. Erledige das Wichtige immer zuerst!

Deine Prioritätenhitliste kann folgendermaßen aussehen:

1. Priorität: Klausur/Arbeit
2. Priorität: Referat, Hausarbeit, Protokoll
3. Hausaufgaben
4. Stunden Nach- und Vorbereitung, Vorlernen

Am wichtigsten ist das, was unmittelbar benotet wird, also Klausuren, Referate etc. Danach rangieren die indirekt benoteten, aber erwarteten Leistungen, also Hausaufgaben in sämtlichen Ausprägungen. Anschließend kommen die »Extras«, die du freiwillig machst, um dir Pluspunkte zu sammeln und Arbeit zu sparen.

In die Prioritätensetzung fließt natürlich auch die Wichtigkeit der Fächer ein – mach dir immer bewusst, dass das, was du tun willst, auch wirklich das Wichtigste ist und nicht bloß das Dringendste! Erstell dir für deine Fächer deine individuelle Prioritätenliste und vermerke auch im Kalender bei deinen Erledigungen deren Prioritäten, damit du schnell entscheiden kannst, was du am ehesten unter den Tisch fallen lässt, wenn etwas Unvorhergesehenes eintritt.

Wenn dein Plan für eine Sache dann steht, musst du auch wirklich durchziehen, was du dir vorgenommen hast, sonst war die ganze Zeitplanerei nämlich für die Katz. Wenn du permanent deine Arbeiten aufschiebst, also selbst gesetzte Termine nicht einhältst, kannst du deinen Kalender gleich zum Kaminanfeuern verwenden! Im Gegenteil, er würde dir eine Sicherheit vorgaukeln, die keine ist, denn gerade wenn Termine eng liegen und wichtig sind, ist es unerlässlich, sich daran zu halten! Auch nur einen Termin aufzuschieben, kann alle anderen Termine ins Wanken, bringen.

Wenn dein Plan für eine Sache steht, musst du ihn durchziehen.

- Leg gleichartige Aktivitäten (verschiedene Einkäufe, Telefonate etc.) zusammen und erledige sie en bloc.

- Hab am besten immer etwas »Arbeit« dabei, falls sich unvorhergesehene Freiräume ergeben – wenn du also im Café 40 Minuten auf deine Freundin warten musst, wirst du dich wahrscheinlich freuen, wenn du die aktuelle Lektüre im Deutschunterricht eingepackt hast, in der du so lange lesen und Wichtiges unterstreichen kannst – so hast du später viel Zeit gespart.

- Plan dir aber auch in deinen Tagesablauf jeden Tag unbedingt mindestens eine Stunde zu deiner persönlichen Verfügung ein, in der du nur das machst, was du willst und völlig abschalten und regenerieren kannst! Tu in dieser Zeit ausschließlich das, was dir Spaß macht (sorge, wenn nötig, für einen entsprechenden Hinweis an deiner Zimmertür). Dies ist besonders in Zeiten sehr enger und anstrengender Termine wichtig (viele Arbeiten vor den Ferien, mehrere Referate usw.), um deine Motivation nicht in den Keller sinken zu lassen.

Wer unsere Tipps umsetzt, wird sich in recht kurzer Zeit die Frage stellen: Warum habe ich damit nicht schon früher angefangen? Denn die Vorteile einer Erfolgszeitplanung liegen auf der Hand:

- Mehr Freizeit durch effektive Nutzung von Freiräumen und effektiveres Arbeiten
- Weniger Stress durch vorausschauende Planung und Arbeitsverteilung
- Höhere Zuverlässigkeit, da du mit einer Erfolgszeitplanung gegen Unvorhergesehenes gewappnet bist
- Mehr Spaß in der Freizeit, da du dich nicht dauernd um Unerledigtes sorgen musst
- Vorteile gegenüber deinen Mitschülern, da du mehr Erfolg bei weniger Aufwand verbuchst.

wegen guter führung – die optimale heftführung

Mindestens fünf Stunden am Tag, fünf Tage in der Woche, vier Wochen im Monat plätschern Informationen in Wort, Schrift, Bild und Ton auf dich ein. Und optimalerweise solltest du das meiste davon behalten, also am besten sofort notieren. Dennoch schaffen es die wenigsten von uns, das, was im Unterricht wichtig ist, ordentlich zu verwalten, d.h. aufzuschreiben und abzulegen.

Die Bedeutung der Unterrichtsmitschriften wird oft unterschätzt. Die Bedeutung der Unterrichtsmitschriften wird oft unterschätzt und somit vernachlässigt. Insbesondere für Schüler, die auf der Benotungsskala kurz vor »Feierabend« stehen, ist es sehr wichtig, ordentliche Hefte zu führen, da sie mit ihnen am einfachsten den nicht verstandenen Stoff noch einmal durchgehen können. Dies ist natürlich unmöglich, wenn der Mathehefter aussieht, als hätte man darauf gerade eine Kuh decken lassen, oder wenn deine Englischvokabeln im Vokabelheft in den Fachbereich des Mannheimer Instituts für Hyroglyphenforschung fallen.

Der Sinn ordentlicher Heftführung ist klar:
- Durch das Mitschreiben lernst du den Stoff leichter und schneller.
- Das Gelernte wird nicht sofort vergessen und ist somit für eine längere Zeit verfügbar.
- Anhand deiner Notizen kannst du deine Klausuren wesentlich leichter und besser auf den Unterrichtsinhalt und -stil deines Lehrers ausrichten, als wenn du ausschließlich aus dem Buch lernst.
- Nichtverstandenes lässt sich anhand der Stundenmitschriften leichter nachträglich zu Hause begreifen als ohne Notizen.

Zur Heftführung gibt es eigentlich nicht viel zu sagen. Wenn du die nachfolgenden Punkte beherzigst, sparst du dir eine Menge Ärger, Misserfolg und Zeit. Du kannst dem Unterricht besser folgen und erleichterst dir deine Klausurvorbereitungen erheblich und bist somit deinem persönlichen Erfolg in der Schule wieder näher gekommen:
- Bemühe dich um eine ordentliche Schrift, schreib deine Notizen zur Not zu Hause noch mal ins Reine, wenn deine Stundenmitschriften zu saumäßig aussehen – tu das aber möglichst früh, da du zwei Monate später aus deinen damals wirren Notizen und Schmierzeichnungen nicht mehr schlau wirst!
- Vermerke dir Stellen, an denen du wichtige Informationen zum Unterricht im Buch oder einer Kopie findest (Titel und Seitenzahl nicht vergessen)!
- Bemühe dich um ein »Heftlayout«, welches das Lesen erleichtert und eine Struktur bzw. Gliederung ersichtlich werden lässt, also:

- An das Datum denken
- Überschriften und sehr Wichtiges unterstreichen
- Regeln und Definitionen farbig einrahmen
- Großzügig mit Absätzen und Leerzeilen sein
- Überschriften (z.B. »Hausaufgaben« oder »Zusammenfassung«) nicht vergessen
- Musteraufgaben als solche kenntlich machen
- Auch Arbeitsblätter datieren und dort die wichtigen Passagen mit Textmarker anstreichen
- Inhalte, die vom Lehrer als besonders wichtig angesehen werden, unbedingt kennzeichnen

Ein übersichtliches Layout erleichtert die Vorbereitung. Einer der wirklich entscheidenden Vorteile ist, dass deine Klausur- bzw. Arbeitsvorbereitungen erheblich leichter werden, da du die klausurrelevanten Passagen in deinem Heft anhand der Überschriften sofort erkennst, deren Struktur erfasst und das Wichtige so einfach abschreiben kannst. Es entmutigt andererseits, wenn man sich beim Öffnen des Heftes mit einer grauen Bleiwüste konfrontiert sieht, die dadurch entsteht, dass man eben gerade nicht auf ein gutes Layout geachtet.

Als sehr zweckmäßig und effektiv hat sich folgendes System bewährt (wobei natürlich deiner eigenen Kreativität keine Grenzen gesetzt sind): Schreib für jede Arbeit oder Klausur das dafür Wichtige (also Regeln mit Beispielen, Definitionen, Arbeitstechniken und künftig Wichtiges) ordentlich und so, dass du es gut lernen kannst, zusammen (am besten auf DIN-A5 Zettel, da die recht handlich sind). Benutze dafür deine Unterrichtsmitschriften genauso wie Kopien und das Schulbuch oder andere Literatur.

Wenn du im Halbjahr pro Fach zwei Arbeiten schreibst, kannst du sicher sein, in den beiden Vorbereitungsnotizen die wichtigen Inhalte des Halbjahres im entsprechenden Fach erfasst zu haben. Nach jedem Halbjahr werden dann diese Notizen des jeweiligen Fachs abgeheftet.

Wenn du nun noch einen Teil deiner Unterrichtsmitschriften, z.B. Beispiele, Kopien, Bilder, Klausuren und Berichtigungen, dazu heftest, hast du dein Halbjahr nahezu perfekt archiviert. Und bei Verwendung eines Registers für jedes Halbjahr findest du dich auch später darin zurecht, z.B. wenn es aufs Abitur zugeht, wo ja Inhalte bestimmter Halbjahre wieder von Bedeutung sein können.

Einmal angelegt, macht ein solches Ablagesystem kaum zusätzliche Arbeit, und es ist in der Oberstufe auf jeden Fall unerlässlich, um sich zeitsparend und effektiv auf Klausuren, Referate und Prüfungen vorzubereiten.

checkliste
Das Selbstmanagement

Die Organisation:
- Das persönliche Arbeitsumfeld funktionell und angenehm gestalten
- Die Arbeitsmaterialien stets intakt und vollständig bereithalten

Die Zeitplanung:
- Einen (oder zwei) Kalender führen
- Daten und Termine immer sofort eintragen und schon hierbei Prioritäten setzen
- Verdeckte Freiräume aufspüren und nutzen
- Die einmal erstellte Zeitplanung unbedingt einhalten!

Die Heftführung:
- Ordentliches und leserliches Schriftbild
- Layout-Struktur erkennbar werden lassen

vorhang auf

Die Unterrichtsstunde

Den Großteil deiner Schulzeit verbringst du in den Unterrichtsstunden. Klausuren, Referate, Gruppenarbeiten und Protokollverlesungen bis hin zur einfachen Lernstunde, wo es »nur« auf mündliche Beteiligung ankommt – die »Stunde« bietet viele Betätigungsmöglichkeiten für dich. Im Vordergrund steht ganz klar »Das Mündliche«, denn Klausuren oder Referate nehmen nur einen geringen Teil der Unterrichtszeit in Anspruch, obwohl sie bei der Notenabrechnung genauso viel zählen.

Im Vordergrund steht ganz klar »Das Mündliche«.

Grund genug also für uns, in diesem Kapitel die mündliche Mitarbeit genauer unter die Lupe zu nehmen und zu zeigen, dass das Mündliche nicht nur eine Wertung deiner tatsächlichen Kenntnisse und Mitarbeit ist. Auch hier kannst du deine Noten durch Taktik, Tricks oder geschickte Strategien aufpolieren. Die mündliche Mitarbeit ist sogar der Bereich, in dem du am besten und am schnellsten von unserer Taktik profitieren kannst, da hier im Wesentlichen Sympathie- und Benehmensnoten vergeben werden. Während du bei Referaten oder Klausuren erst auf den nächsten Termin warten und noch ein bisschen rumprobieren musst, kannst du gleich morgen anfangen, mündlich kräftig loszuheizen. Zudem ist mündliche Mitarbeit fast ohne zeitlichen Mehraufwand erheblich verbesserbar. Viele von uns vergeuden ihre Zeit im Unterricht, indem sie sich in die hinterste Ecke des Klassenraums zurückziehen, Bildchen ins Heft malen, Kreuzworträtsel lösen und hoffen, vom Lehrer in Ruhe gelassen zu werden. Die Überraschung kommt spätestens dann, wenn die mündlichen Noten vergeben werden und so mancher Mr. »Mündlich – Nein Danke« aus allen Wolken fällt, weil es gerade mal für ein Ausreichend gereicht hat.

Je nach Fach geht das Mündliche nämlich mit mindestens 50 und maximal 70% in die Halbjahresnote ein. Für manche stellt die mündliche Note nach zwei vollkommen versaubeutelten Klausuren sogar die letzte Rettung vor dem »Game over« der Nichtversetzung dar!

In dieser Note schlummern ungeahnte Möglichkeiten, die dich sowohl verbessern als auch tief reinreißen können! Denn was wahrscheinlich keiner von euch weiß: Es gibt nichts Willkürlicheres als die mündlichen Noten. Die mündliche Note ist nur ein Flickwerk aus Erinnerungen und Notizen des Lehrers und stark subjektiv verwaschen. Viele Lehrer sind einfach zu faul, um sich nach jeder Stunde Notizen zu machen, meist verschwenden sie die ersten Gedanken an die mündliche Note am Abend vor der Notenkonferenz und haben dabei eine kleine Hand voll Notizen und einige vage Erinnerungen an ein Referat, einen handfesten Streit, an ein brillant gelöstes Problem oder eine Schlägerei vor Augen. Dies hat unweigerlich zur Folge, dass ein großer Teil Sympathie-, Benehmens- und Eindrucksnote ist. Ohne der Lehrerschaft Böses unterstellen zu wollen, wissen wir aber, dass diese Faktoren unbewusst, oft auch bewusst bei der Benotung mit einfließen. Die mündliche Note sagt also nicht allzu viel über die wirkliche Leistungsfähigkeit des Schülers aus, wie die meisten denken, sondern vor allem viel darüber, ob dich dein Lehrer mag oder nicht.

Die mündliche Note sagt nicht viel über die wirkliche Leistungsfähigkeit.

Wir wollen dir zeigen, wie du mit relativ einfachen und wenig zeitaufwendigen Mitteln in Sachen mündliche Mitarbeit zum »Shootingstar« werden kannst. Da du ja ohnehin im Unterricht anwesend bist, macht es schließlich keinen Unterschied, ob du deine Note durch trickreiches Bemühen während der Stunde, gutes Zuhören, kurzes und gezieltes Vorarbeiten und Mitdenken ganz erheblich positiv beeinflusst oder deine Zeit einfach nur absitzt.

pole position – die besten ausgangsbedingungen

Bevor es richtig losgeht, kannst du schon vor Beginn der Unterrichtsstunde einiges dafür tun, um eine möglichst gute Ausgangsposition für deine mündliche Mitarbeit und dein Auftreten dem Lehrer gegenüber zu haben. Es gilt: Versuche aufzufallen, und zwar möglichst positiv. Gerade zu Beginn des Schuljahres, wenn ein Lehrer die Klasse zum ersten Mal unterrichtet, ist es besonders wichtig für dich, gut aus den Startlöchern zu kommen. Der erste Eindruck ist nämlich häufig der Stärkste und einer, der sich für lange Zeit bei ihm einprägt!

Der erste Eindruck ist häufig der Stärkste.

Gerade am Anfang kannst du einfach mitkommen, da du wenig oder gar kein Vorwissen brauchst. Anfangserfolge motivieren. Und selbst wenn du deinen Leistungsstand aus den ersten zehn Stunden nicht lange halten kannst, behält dich dein Lehrer positiv in Erinnerung, wenn du ihm zwischendurch nicht auf die Nase gehauen hast. Von solchen Reserven hat sich schon so mancher übers ganze Schuljahr retten können!

drum prüfe, wer sich ... – der banknachbar

Schon in der ersten Stunde des Schuljahres – wenn du dir deinen Sitzplatz aussuchst – kann sich etliches entscheiden. Wichtig ist nämlich, dass du dich so setzt, dass du dem Lehrer immer, aber nur, wenn du es willst, ins Auge fällst.

Überlass die Wahl deiner Banknachbarn besser nicht dem Zufall, sondern überlege zumindest am Anfang des Schuljahres sehr gut, wer im nächsten Halbjahr neben dir Station bezieht und wer nicht. Wähle in keinem Fall jemanden, mit dem du dich überhaupt nicht verstehst, das wird die Hölle. Ebenfalls nicht ideal als Banknachbar ist dein Freund oder deine Freundin – die Ablenkung ist zu groß und außerdem ist im Falle einer Beziehungskrise oder einer Beendigung euer Liaison die Anwesenheit eine Belastung.

Vermeide es genauso, in der »Randalierer-Ecke« zu sitzen. Selbst wenn du immer still bist, wird dich der Lehrer mit den anderen über einen Kamm scheren.

Wähle einen guten, cleveren und kompetenten Freund oder Freundin, mit dem/der du auch Strategien absprechen, Hausaufgabenverteilung planen und nötigenfalls Unterstützung beanspruchen kannst.

Wenn ihr beide euch auch in puncto Disziplin am Riemen reißt, müsste es dir gelingen, neben deinen Wunschnachbarn entspannte Unterrichtsstunden zu verbringen.

gut gewappnet in die schlacht –
die vorbereitung der stunde

Die Unterrichtsstunde beginnt genau genommen für dich schon in der Pause (es ist zu diesem Zweck recht praktisch, wenn du schon etwas früher im Klassenraum bist, anstatt regelmäßig zwei Minuten nach Beginn der Stunde eine Entschuldigung stammelnd auf die Bühne zu poltern). Hier gilt es nämlich noch mal nachzusehen, was in der letzten Stunde besprochen wurde, dein Heft rauszunehmen, die Notizen aus der letzten Stunde, deine »persönlichen Hausaufgaben« noch einmal kurz durchzulesen und einige Worte mit dem Freund oder der Freundin über die vor euch liegenden 45 Minuten zu wechseln. Mehr als etwa zwei bis drei Minuten braucht ihr beide dazu nicht, aber: Ihr sichert euch einen todsicheren Vorsprung vor der Konkurrenz, da ihr sofort einsatzbereit seid und dem Geschehen folgen könnt. Von Anfang an sieht's mit der mündlichen Beteiligung also gut aus, und das lästige Nacharbeiten von Nichtverstandenem zu Hause könnt ihr euch auch sparen.

Die Unterrichtsstunde beginnt für dich schon in der Pause.

vorhang auf – die mündliche mitarbeit

Wir haben erwähnt, was sich alles hinter der mündlichen Note verbirgt, und es ist deutlich geworden, dass es sich dabei zum überwiegenden Teil um eine Betragens- und Sympathienote handelt. Die mündliche Mitarbeit selbst (also das, was du tatsächlich sagst) kann aber darüber hinaus noch in vier Bereiche unterteilt werden:

● Wortmeldung auf Fragen des Lehrers (Antworten oder Vorlesen etc.)
● Eigene Fragen zum Unterricht
● Diskussionsbeiträge, Meinungsäußerungen
● Kritik am Unterricht.

Versuch während des Unterrichts den Eindruck zu erwecken, aufmerksam zu sein.

Bevor wir auf die vier Bereiche eingehen, erst einmal etwas Generelles: Versuch während des Unterrichts möglichst oft den Eindruck zu erwecken, aufmerksam zu sein (selbst wenn du währenddessen heimlich mit deiner Freundin Bakkarat oder Toto spielst), indem du Blickkontakt mit deinem Lehrer hältst, dir Notizen machst (oder nur so tust), du hin und wieder nickst bzw. die Augenbrauen hochziehst. Auch damit solltest du es nicht übertreiben. Halte es im Rahmen und mach es so geschickt, dass es nicht jedem Depp in deiner Klasse auffällt.

Wir erwarten natürlich nicht von dir, dass du die ganze Zeit still bist und zuhörst. Wer tatsächlich zwei Geschichts- oder Lateinstunden durchhält, ohne sich mit dem Nachbarn zu unterhalten, ist entweder tot oder unter Vollnarkose. Schwätze aber so leise mit deinem Nachbarn, dass es den Lehrer zumindest nicht stört. Tödlich ist auch Briefchen schreiben, Donald-Duck-Lesen, Kaugummikauen, Game-Boy-Spielen, telefonieren oder frühstücken während des Unterrichts. Falls du es nicht lassen kannst, dich mit unterrichtsfremden Dingen zu beschäftigen, darfst du nicht so trottelig sein, dich erwischen zu lassen.

Wenn Herr Dr. Folterknecht nämlich seine intensiv vorbereitete Unterrichtsstunde durchziehen will und feststellen muss, dass du dabei einen nach Knoblauch stinkenden Döner verzehrst, deine Nachbarin sich die Fußnägel lackiert und der Klassenidiot zwei Reihen vor dir den 50-Nummernspeicher seines Handys laut piepsend neu programmiert, dann wundere dich nicht, wenn du dich zehn Minuten später vor der Tür, beim Direktor oder (bei sehr jähzornigen Lehrern) in der städtischen Ambulanz wiederfindest; mal abgesehen von dem, was dich an Noten noch erwartet. Dein Lehrer hat in diesen Fällen nämlich das berechtigte Gefühl, dass dir seine Unterrichtsvorbereitungen egal sind und seine Bemühungen, dir etwas beizubringen, nicht sonderlich zusagen.

ertappt – beim schwätzen erwischt

Um Gottes Willen, jetzt hat dich Frau Nimmermehr direkt beim Palavern erwischt. Die Blicke der Klasse sind auf dich gerichtet und die Schamesröte steigt dir ins Gesicht.
Wenn du in solch eine peinliche Krisensituation gerätst, ist guter Rat teuer. Jetzt bloß nicht nervös werden – je freundlicher und souveräner du bist, desto glaubwürdiger machst du deutlich, dass du dem Unterricht doch folgen konntest. Wenn du das Glück hattest, wenigstens die Frage verstanden zu haben, dann verschaffe dir mit Formulierungen wie »Einen Augenblick ...«, »Hm, Sekunde, wie formuliere ich das ...« etwas zeitlichen Spielraum und denk dir eine Antwort aus, lies sie aus dem Buch ab, lass sie dir vorsagen, nur mach irgendetwas! Hilfreich können auch Gegenfragen sein, z.B. den Lehrer bitten, die Frage genauer zu stellen und wie er dies oder jenes meint. So schindest du Zeit und bekommst eventuell noch die eine oder andere Information. Wenn du Mut hast, kannst du auch ganz dreist eine Gegenfrage stellen, etwa »Also, hier hinten kam eine

Je souveräner du bist, desto glaubwürdiger machst du deutlich, dass du dem Unterricht folgen konntest.

andere Frage auf, nämlich ...« – das ist die bessere Variante, besonders dann, wenn du nicht einmal die Frage des Lehrers an dich mitgekriegt hast.

Wenn gar nichts mehr hilft und du so auf dem Schlauch stehst, dass du dir nicht einmal mehr die geringste Fluchtmöglichkeit ausrechnest, hilft nur ein Geständnis deiner Unaufmerksamkeit, dann handelst du dir wenigstens Achtung von Seiten des Lehrers ein, weil du deinen Fehler zugibst.

ein wichtiger teil deines erfolges – die wortmeldung

Sie ist der Schlüssel zur mündlichen Beteiligung, aber bei vielen Schüler gar nicht so beliebt. Verbinden sie doch mit ihr:

● Angst, vor einer Gruppe frei zu sprechen,

● Angst, die Aufmerksamkeit der Klasse auf sich zu lenken,

● Angst vor dem Streber-Image,

● Angst, das Falsche zu sagen.

Aktive Schüler sind besser dran als stille! Mach dir zunächst bewusst, dass, obwohl das Mündliche insgesamt eine sehr vielschichtige Note ist, der eigentlichen Wortmeldung eine tragende Rolle zu kommt. Aktive Schüler sind immer besser dran als stille!

Wenn du einigermaßen Ahnung vom Stoff hast, wirst du wahrscheinlich inhaltlich keine Probleme mit deiner Wortmeldung haben. Einige »Tipps« zur Form deiner Meldung solltest du aber beherzigen. Wenn du das tust, kann dir gar nichts mehr passieren!

● Mach dir besonders bei umfangreicheren Fragen einige Notizen (drei bis vier Stichworte), damit du sicherer bist.

● Halte deine Wortmeldung so kurz wie möglich – nichts ist grausamer als ein Mitschüler, der minutenlange Soloeinlagen zum Besten gibt. Was du sagst, muss knapp, allgemein verständlich und präzise formuliert sein.

- Schwätze nichts nach, was andere schon gesagt haben, das weist dich als dummen, phantasielosen Mitläufer ohne eigene Meinung aus und fällt jedem sofort auf (in Notfällen, wenn du mal auf dem Schlauch stehst, geht das schon! Immer noch besser als gar nichts zu sagen).

- Relativiere oder verwische deine Aussagen nicht – steh zu dem, was du sagst und vermeide Ausdrücke wie: »Ich weiß nicht, aber ...«, »halt so ...«, »ich würde sagen ...« oder »irgendwie ...«. Die bringen nichts und machen dich nur unglaubwürdig, weil du deine Aussage selbst in Frage stellst.

- Schleime nicht beim Lehrer rum, das fällt bei Wortmeldungen besonders auf – vermeide die Formulierung: »Ja, wie sie gesagt haben, Herr Dr. Schnulze«, »Im Übrigen schließe ich mich ganz ihren Ausführungen an, Herr Harnlass, nein, was für geschmackvolle Wildlederschuhe Sie doch wieder tragen ...«

- Strukturiere deine Beiträge logisch und springe nicht zusammenhanglos von einem Thema zum anderen; da kommt keiner mit. Vergiss nicht, dass deine Wortmeldung nicht als Belustigung gemeint ist, sondern den Unterricht voranbringen soll. Das Gleiche gilt für das Abfeuern von Redebeiträgen, ohne sich gemeldet zu haben – was an sich eine Unart ist, da der Lehrer als Gesprächsleiter harsch übergangen wird.

Eine dringende Wortmeldung zum Redebeitrag deines Vorredners jedoch, die zwei Wortmeldungen später nicht mehr aktuell ist, rechtfertigt eine solche spontane Attacke. Melde dich, setze einen dringenden Gesichtsausdruck auf, schnipse einmal und sage »direkt dazu«, dann wirst du meist vom Lehrer drangenommen. Du kannst natürlich versuchen, an deinen aktuellen Redebeitrag gleich noch etwas Allgemeines zum Thema anzuhängen.

Apropos Schnipsen. Auch hier solltest du vorsichtig sein. Permanentes Schnipsen ist aufdringlich und nervig – das Schnipsen sollte deine »Geheimwaffe« sein, um in einigen wenigen, aber wichtigen Momenten die Aufmerksamkeit des Lehrers auf dich zu lenken.

Eine weitere Geheimwaffe ist das »Aha-Erlebnis«. Jeder Lehrer freut sich, wenn er seine Schäfchen für sein Fach interessieren und begeistern kann. Wenn also ein Schüler plötzlich während einer Frage oder einer Aufgabe einen euphorischen Gesichtsausdruck auflegt und seine leuchtenden Augen davon zeugen, dass er gerade die Weltformel entdeckt hat, so wird dieser Schüler natürlich bevorzugt drangenommen.

Je seltener und gezielter man seine Tricks einsetzt, desto wirkungsvoller sind sie.

Mit dieser Geheimwaffe solltest du geizen und sie nur in wirklich wichtigen Fällen anwenden. Je seltener und gezielter man seine Tricks einsetzt, desto wirkungsvoller und unauffälliger sind sie.

Falls du zurückhaltend und eher schüchtern bist, hilft dir in puncto mündliche Mitarbeit nichts anderes als das Überwinden deiner Hemmschwelle: Sag dir, dass Handeln die Angst vertreibt und eine Meldung nur im Vorfeld furchteinflößend ist. Versuch zunächst die einfachen Dinge, wie Vorlesen von Texten und Hausaufgaben oder Fragen mit kurzen, knappen Antworten in Angriff zu nehmen! Such dir Banknachbarn, die dich »mitziehen!« Arbeite dich langsam vor!

wer nicht fragt, bleibt dumm! – fragen im unterricht

Das Fragenstellen ist beim Lehrer sehr beliebt und wird ausnahmslos von allen Schülern unterschätzt. Eine Schülerfrage bannt für den Lehrer die Gefahr, an der Klasse vorbeizureden und gibt ihm die Möglichkeit, konkret auf die Schülerprobleme einzugehen. Sie stellt eine Rückmeldung dar. Offensichtlich ist was angekommen, über das nachgedacht wurde. Selten und schmeichelhaft für jeden Pädagogen!

Viele tun sich aber schwer mit dem Stellen von Fragen. Die Angst, als Dummkopf dazustehen, wenn die Frage scheinbar zu simpel ist, hat wohl jeder, doch einige können sie nicht überwinden. Führ dir vor Augen, dass Fragen die einfachste Art der mündlichen Beteiligung sind (und noch nicht einmal die schlechteste), die praktisch keinerlei Vorkenntnisse erfordern. Man fällt nicht als Streber auf, sondern gewinnt Sympathie, weil einige Mitschüler garantiert das gleiche Problem haben. Fragen können jedoch auch eine andere Zielrichtung haben, als bloß Nichtverstandenes erklärt haben zu wollen. Man kann mit ihnen sehr geschickt Vorwissen oder Vorgelerntes einbringen, ohne als Streber zu gelten.

Fragen sind die einfachste Art der mündlichen Beteiligung.

Grundsätzlich unterscheiden wir zwei Arten von Fragen:
- Verständnisfragen
- taktischen Fragen

Zu Ersteren: Du hast etwas nicht verstanden und möchtest es gern noch einmal vom Lehrer erklärt haben – kein Thema. Wenn du eine ordentliche Lehrkraft vor dir hast, dann wird er sich über deine Frage sicherlich freuen. Einige Regeln solltest du aber beachten:
- Generell gilt: Lieber einmal zu viel gefragt, als einmal zu wenig.
- Überlege, ob deine Frage wirklich weiterhilft. Wegen jeder Kleinigkeit eine öffentliche Fragestunde abzuhalten, kann den Unterricht sehr aufhalten. Weitergehende oder sehr detaillierte Fragen besser nach dem Unterricht klären.
- Formuliere deine Fragen präzise und möglichst kurz.

Wer einfach ein »Ich versteh das irgendwie überhaupt nicht« reinblökt oder seine Frage auf drei Minuten ausbreitet, wird eher negativ auffallen. Besser ist: »Sekunde, Frau Trunkbold, warum haben wir das jetzt so interpretiert, hätten wir das nicht auch so sehen können?«, oder »Moment, Zwischenfrage, würden Sie mir den letzten Rechenschritt noch mal erklären, Herr Polljakov, ich war eben etwas abgelenkt«.

● Falls du merkst, dass einer deiner Mitschüler etwas nicht verstanden hat und sich nicht zu fragen traut, übernimm das für ihn.

● Wenn möglich, notiere die Antwort in Stichworten. (Macht immer wieder einen tollen Eindruck und ist auch sinnvoll, da man doch schneller vergisst, als man denkt).

Nun zu den taktischen Fragen: Natürlich hast du beim Fragen auch die Möglichkeit, den Lehrer kräftig hinters Licht zu führen und ein Feuerwerk deiner angeblich lückenlosen Allgemeinbildung zu präsentieren, die aber nur deswegen lückenlos ist, weil du dir das Thema der aktuellen Unterrichtsstunde am Vorabend in der Werbepause des neuen James Bond – 007 angesehen hast. Du hast also die Möglichkeit, dein vorgelerntes Wissen durch Fragen einzubringen und damit ganz ordentlich abzuräumen. So kannst du z.B. die eine oder andere Fragen des Lehrers vorwegnehmen, solltest das aber nicht zu auffällig tun.

Gute Einleitungen für solche Fragen sind:

»Aber, das müsste ja dann heißen, dass ...«
»Ja, Moment mal, gilt das denn auch für ...«
»Würde das nicht im Widerspruch zu ... stehen?«
»Wäre es nicht eine Möglichkeit, das so und so zu machen?«

Denk bitte daran, das Vorgelernte nachvollziehbar und logisch darzustellen, so als ob es dir gerade eingefallen wäre. Die Sache kann nämlich böse nach hinten losgehen, wenn du einige Brocken, womöglich noch in gleichem Wortlaut wie im Buch, und mit unverständlichem Fachvokabular voll gestopft, in die Runde schnäuzt und erwartest, dass dir das als spontaner Geistesblitz abgekauft wird.

Gib nie öffentlich zu, dass du vorgelernt hast. Denn so etwas ist schnell aus Neid und Missgunst weitergesagt, und wenn dein Lehrer es erfährt, ist die »Show« bald nicht mehr so effektiv.

Wirst du vom Lehrer des Vorlernens bezichtigt, so schwäche ab und sage, du hättest es zu Hause mal überflogen, da er das zu Anfang des Schuljahres empfohlen hätte – die meisten Lehrer raten das nämlich.

Denk bitte daran, das Vorgelernte nachvollziehbar und logisch darzustellen.

das tüpfelchen auf dem i – mitschriften und notizen

Je weiter du in der Schule kommst, desto wichtiger werden deine persönlichen Notizen, da der Lehrer nicht mehr alles anschreibt. Deshalb solltest du dir hin und wieder Notizen machen, auch wenn es nicht ausdrücklich erwartet wird. So kannst du spezielle Formulierungen deines Lehrers für die nächste Klausur aufschreiben und sie einflechten oder Klausurhinweise notieren, Schwerpunkte aufschreiben, die der Lehrer setzt, oder vermerken, was er besonders intensiv oder mehrmals bespricht. Nützlich ist es auch, Dinge stichwortartig zu notieren, die erst in der nächsten Stunde schriftlich fixiert werden sollen: Bei der dann stattfindenden Wiederholung kannst du dem Lehrer deine Stichworte um die Ohren schlagen und ihn verblüffen, ohne etwas dafür getan zu haben.

Grundsätzlich gilt, lieber ein paar mehr Notizen machen als zu wenig. Übertreiben lohnt sich aber auch nicht, da du dann zu wenig zuhörst. Was du jeweils im Einzelnen notierst ist deine Sache: einfach das, was du für wichtig und ertragreich hältst (man bekommt ziemlich schnell ein Gespür dafür).

die kunst der diplomatie – kritik am unterricht

In Sachen Unterrichtskritik gilt es, sich zunächst am Lehrertyp zu orientieren – kann Unterrichtskritik bei dem betreffenden Lehrer überhaupt etwas bringen? So mancher hat es sich schon für den Rest der Mittel- oder Oberstufe mit einem Lehrer aufgrund unbedachter Äußerungen verdorben.

Autoritäre Lehrer vom alten Schlag sehen jede Kritik und jeden Verbesserungsvorschlag als persönliche Beleidigung an und werden grausam zurückschlagen. Finger weg von den Fossilien – das bringt nur Ärger für dich und die Klasse.

Soziale und liebe Lehrer wiederum sind für Rückmeldungen bezüglich Unterrichtsinhalt und Unterrichtsstil sehr aufgeschlossen und registrieren positiv, wenn ein Schüler sich erstens Gedanken über ihren Unterricht macht und zweitens den Mumm besitzt, das dem Lehrer in vernünftiger Weise zu sagen.

Starte keine Einzelaktionen! Wenn du also zu dem Entschluss gekommen bist, dass ein Lehrer der Kritik aufgeschlossen gegenübersteht, dann starte keine Einzelaktionen, sondern bitte euren Klassensprecher, den Lehrer diesbezüglich anzusprechen (gerade wenn es um ein Problem geht, das mehrere in deiner Klasse angeht), dafür wurde er schließlich gewählt. Er sollte dann den Lehrer nicht zwischen Tür und Angel zur Rede stellen wie einen flüchtigen Verbrecher oder ihn vor der versammelten Klasse abkanzeln, sondern ihn fragen, ob er einmal fünf Minuten Zeit für ein Anliegen der Klasse 8c hätte, am besten unter vier Augen. Wirke unbedingt auf eueren Klassensprecher ein, dass er sein Anliegen nicht

als Kritik (»Frau Metzel, wissen Sie, was uns gar nicht gefallen hat ...«), sondern als Verbesserungsvorschlag formuliert. Die Sache, also die Unterrichtsverbesserung, sollte im Vordergrund stehen und nicht, dass du als Mitglied
des deutschen Tierschutzbundes es deinem Geschichts-
lehrer und leidenschaftlichem Hobbyjäger, Herrn Dr. Meu-
chel, mal kräftig geben willst.

So, nun hast du hoffentlich gesehen, dass zu einer guten
oder sehr guten mündlichen Beteiligung nur ein bisschen
Mühe, ein wenig Fingerspitzengefühl und natürlich einiges
aus unserer berühmt-berüchtigten Trickkiste gehört.
Wenn du den Inhalt dieses Kapitels in die Praxis umsetzen
kannst, wirst du mit relativ wenig Zeitaufwand (da du ja so-
wieso anwesend bist) wesentlich (!) besser bewertet werden, weniger Angst vor den Klausuren haben, eine Menge
Lernzeit zu Hause sparen, da du im Unterricht mehr verstehst und unter Garantie die »Lass mich doch in
Ruhe«-Haltung im Hinblick auf die Unterrichtsstunde verlieren.

Die besten Ausgangsbedingungen:
- Kompetenten Freund oder Freundin als Banknachbarn wählen
- Keine Unsympathen
- Vorsicht: sich nicht zu sehr ablenken lassen
- Notizen und »persönliche Hausaufgaben« gegen Ende der Pause kurz durchsehen

Die mündliche Mitarbeit:
- Dem Lehrer Aufmerksamkeit suggerieren
- Blickkontakt halten
- Notizen machen
- Nicken und Augenbrauen hochziehen
- Vorsicht: nicht übertreiben
- Nicht oder nur leise schwätzen
- Nicht negativ auffallen! Nur unauffällige Beschäftigung mit unterrichtsfremden Dingen
- Wenn du erwischt wurdest, ruhig bleiben, Zeit schinden und versuchen, irgendetwas zu Stande zu bringen, sonst »reuevolle Entschuldigung«

Die Wortmeldung:
- Schlüssel zur mündlichen Beteiligung!
- 3-4 Stichworte notieren
- Allgemein verständlich und präzise formulieren
- Nichts nachschwätzen
- Nicht zwischen verschiedenen Themen hin- und herspringen
- Nicht reden, ohne sich gemeldet zu haben
- Geheimrezept: »direkt dazu«

- Geheimrezept »Aha-Erlebnis« wählen
- Schüchternheit durch Handeln überwinden – mit dem Vorlesen von Hausaufgaben, kurzen Texten anfangen

Verständnisfragen:
- Einfachste Art der mündlichen Beteiligung
- Nicht zu viel und nicht Unsinniges fragen
- Kurz und präzise formulieren
- Für andere Mitschüler fragen, die sich nicht trauen
- Wenn nötig Antwort notieren

Taktische Fragen:
- Vorwissen geschickt einbringen
- Nachvollziehbar und logisch argumentieren

Notizen:
- Lehrerspezifische Formulierungen
- Versteckte und offensichtliche Klausurenhinweise
- Was erst in der nächsten Stunde verschriftlicht wird, stichpunktartig fixieren

Unterrichtskritik:
- Hat sie beim betreffenden Lehrer Aussicht auf Erfolg?
- Klassensprecher aktiv werden lassen
- Gespräch unter vier Augen suchen
- Kritik als Verbesserungsvorschlag formulieren

ein schlüssel zum erfolg

Die Hausaufgaben

Sie sind mindestens genauso alt wie die Schule und von vielen ebenso gehasst. Sie schneiden tiefe Wunden in die ohnehin schon sehr knapp bemessene Freizeit eines Schülers und können einem jegliche Freude am lang herbeigesehnten Unterrichtsschluss versauen. Und dennoch: Standhaft haben sie sich allen Reformbestrebungen, die es in der Entwicklung des Schulsystems gegeben hat, widersetzt. Es muss also doch etwas dran sein, an den Hausaufgaben. Oder?

Tatsächlich sind die meisten Hausaufgaben gar nicht so unsinnig. Tatsächlich sind die meisten Hausaufgaben gar nicht so unsinnig, wie sie auf den ersten Blick scheinen – viele Lehrer verstehen es nur schlecht, Verständnis für die gestellten Aufgaben zu wecken. Sie werfen ihren Schülern eher noch schnell im Herausgehen während des Läutens zur Pause ein paar Aufgabennummern und Seitenzahlen vor die Füße, ohne zu erklären, wie und warum genau diese Aufgaben sie zu Hause weiterbringen.

wozu das alles? – sinn und zweck der hausaufgaben

Hausaufgaben, so ein übergreifender Beschluss der Kultusminister der Länder, sollen den Schüler zu eigenständigem Arbeiten anregen und somit auf der einen Seite eine Festigung des Stoffes bewirken, die es ihm erleichtert, individuelle Fehler zu erkennen und es andererseits dem Lehrer ermöglichen, eben diese Fähigkeiten (das individuelle Arbeitsverhalten) des Schülers zu beurteilen. Es sei an dieser Stelle erwähnt, dass gerade die Fähigkeit zum selbstständigen Arbeiten neben dem reinen Fachwissen über Sieg oder Niederlage, z.B. in Klausuren, entscheidet. Nun bieten sich aber für die unter euch, die wirklich besser werden wollen, noch einige andere Vorzüge: So kann man sich mit Hilfe der Hausaufgaben und der im späteren Kapitel behandelten »persönlichen Hausaufgaben« vorzüglich auf die kommende Unterrichtsstunde vorbereiten und hier im mündlichen Bereich gute Punkte einheimsen. Außerdem lernt man die Vorlieben und inhaltlichen Schwerpunkte des Lehrers kennen, die ebenfalls in so mancher Klausur wertvolle Dienste leisten können.

tun oder nicht tun? – eine frage von prioritäten

Wir Schüler stellen uns häufig die Frage: Mach ich die Hausaufgaben selbst und sorgfältig, lass ich sie mir lieber von einem guten Freund geben, oder soll ich die Hausaufgaben besser gleich vergessen?

Eins ist sicher: Nicht alle Hausaufgaben sind gleich wichtig. Insbesondere mit Blick auf die ohnehin knapp bemessene Zeit eines Schülers ist es nicht einzusehen, dass man einem buddhistischen Text, den man mündlich für die Relistunde in 14 Tagen vorbereiten soll, die gleiche Aufmerksamkeit zuteil werden lässt wie den Matheaufgaben, die gezielt die Klausur von übermorgen vorbereiten.

Nicht alle Hausaufgaben sind gleich wichtig.

Sofern ausreichend Zeit zur Verfügung steht, ist jede Hausaufgabe eigenhändig und so sorgfältig wie irgend möglich zu erledigen. Trotzdem, jeder kennt das: Eine Flut von Hausaufgaben will binnen kürzester Zeit bewältigt werden, und selbstverständlich legt jeder Lehrer größten Wert auf Präzision. Was soll man da machen? Nun, die Lösung ist denkbar einfach: Prioritäten setzen! Wir sind der Auffassung, dass die Priorität einer Hausaufgabe von zwei Faktoren abhängt:

- der Wichtigkeit
- der dafür zur Verfügung stehenden Zeit.

Beginnen wir mit dem Zeitdruck, d.h. dem Verhältnis von Umfang der Hausaufgabe und dafür zur Verfügung stehender Zeit.

Wie umfangreich eine Hausaufgabe ist, hängt unter anderem davon ab, was von dir verlangt wird. Gilt es nur einen Text zu lesen, einige Stichworte zu notieren oder etwas selbst zu formulieren? Werden die Hausaufgaben nur diskutiert, sollen sie von dir vorgetragen werden oder werden sie gar vom Lehrer eingesammelt und benotet? Wie leistungsfähig bist du im jeweiligen Fach, wie vertraut ist dir der Stoff, wie groß sind die Vorkenntnisse, wie gut beherrschst du die Arbeitstechniken?

Es gibt Fächer, in denen du Training nötiger hast. Der andere ebenso entscheidende Faktor ist die Notwendigkeit für dich, in einem Fach Hausaufgaben zu machen, sich zu trainieren und den Stoff zu festigen. Generell kann dies in keinem Fach schaden, aber es gibt sicherlich Fächer, in denen du Training und Verbesserung nötiger hast als in anderen Fächern: Ihnen solltest du höhere Priorität einräumen.

Außerdem, wie groß ist überhaupt die Wahrscheinlichkeit, dass gerade von dir die Hausaufgabe verlangt wird? Gibt es genug andere Mitschüler, die die Hausaufgabe haben und sie vortragen wollen, warst du schon in der letzten Stunde mit den Hausaufgaben dran?

In diesem Zusammenhang haben wir folgende Erfahrung gemacht: Je besser du in einem Fach im Mündlichen bist, desto geringer ist die Wahrscheinlichkeit, mit den Hausaufgaben dranzukommen! Die Lehrer meinen es in diesem Fall meist gut und wollen den Schwächeren eine Chance geben. Sollte man sich in einem Fach in einer solchen Situation befinden, so hat es sich dennoch bewährt, die Hausaufgaben nicht ganz sausen zu lassen, sondern sich zumindest etwas vorzubereiten, um die Hausaufgaben der anderen mitdiskutieren zu können und dabei den Eindruck zu erwecken, du hättest in deiner Hausaufgabe andere Ansätze und Folgerungen.

Und last but not least ist entscheidend, wie gut dein Draht zum Lehrer ist. Solltest du von jemandem wissen, dass er dich ohnehin auf seiner Abschussliste hat, würden wir kein unnötiges Risiko eingehen. Lieber die Hausaufgaben machen, als sich diesbezüglich einen reinwürgen zu lassen.

eiskalt erwischt – wenn du sie doch nicht hast

Sollte es dich dennoch einmal erwischen, hast du also keine oder nur sehr unvollständige Hausaufgaben vorzulegen, dann ist das zwar nicht sonderlich gut, aber noch lang kein Grund zur Panik. Vielmehr bietet sich nun für dich die Gelegenheit, dem Lehrkörper zu zeigen, was du wirklich leisten kannst. Die Entschuldigung, warum es nicht so geklappt hat, wie es verlangt war, ist dabei das Leichteste: Im Bereich der Ausreden ist prinzipiell alles erlaubt und möglich. Nur bitte nicht solch banale und abgedroschene Phrasen wie: »Ich hatte keine Lust/ keine Zeit« oder »Ich hab das nicht verstanden«, »Das war zu viel« – dabei kommt sich der Lehrer zu Recht veralbert vor.

Damit aber nicht genug: Selbst wenn sich der Lehrer damit zufrieden geben sollte, kommt jetzt dein Auftritt: Die Hausaufgaben werden in Ia Qualität so schnell wie möglich nachgereicht und in sein Fach im Lehrerzimmer gelegt. Der Lehrer muss dabei den Eindruck gewinnen, dass es sich wirklich um ein Versehen handeln muss, das dir ganz furchtbar Leid tut, und dass dir sein Fach ganz besonders am Herzen liegt. Damit hat die Aktion ihre Wirkung nicht verfehlt und keiner deiner Mitschüler muss etwas von deiner Aktivität mitbekommen.

> Im Bereich der Ausreden ist prinzipiell alles erlaubt und möglich.

69

null problemo – verständnisprobleme einfach beseitigen

Am besten sich mit gezielten Fragen an den Lehrer wenden. Im Unterricht war noch alles klar, und kaum sitzt man zu Hause ... Das Beste ist, Probleme gar nicht erst entstehen zu lassen. Am besten sich mit gezielten Fragen an den Lehrer wenden und durch sorgfältige Mitschriften eine gute Arbeitsgrundlage für daheim zu schaffen. Ferner sind Eltern, ältere Geschwister oder andere Lehrer kompetente Ansprechpartner und können weiterhelfen. Vorsichtig sei man bei der Befragung von Mitschülern, die es häufig selbst nicht gerafft haben und dir den letzten Schwachsinn verklickern wollen, nur um als intelligent und wichtig zu gelten. Ferner lohnt es sich manchmal, andere Bücher zu Rate zu ziehen, z.B. ein anderes Biologie- oder Geschichtsschulbuch, in dem das gleiche Thema anders aufbereitet wird.

Wenn mal überhaupt nichts mehr geht und du einfach keine Ahnung hast, hilft nur noch eines: die Offensive. Entweder suchst du dir mit großer Sorgfalt einen Schüler deines Vertrauens, von dem du ganz ordinär abschreibst, oder du stellst dir einen detaillierten Fragenkatalog zusammen, der die Fragen behandelt, die für dich die Lösung der Aufgabe erschwert haben. So ermöglichst du es deinem Lehrer, gezielt auf schülerspezifische Probleme einzugehen, was ihm das beglückende Gefühl gibt, nicht an der Klasse vorbeigeredet zu haben. Etwas Besseres hättest du für deine mündliche Note auch mit einer noch so perfekten Hausaufgabe nicht machen können.

as time goes by – zu viele hausaufgaben, zu wenig freizeit

Je nach Jahrgangsstufe sollten die Hausaufgaben eine bestimmte Dauer pro Tag nicht überschreiten. So sind es z.B. in der Oberstufe bis zu zwei, in Ausnahmefällen drei Stunden. Wobei vorausgesetzt wird, dass sich die Lehrer untereinander über die Menge der Hausaufgaben abstimmen (Wer's glaubt, wird selig!).

Ferner sollten die Hausaufgaben im Regelfall nicht bewertet werden, da die Arbeitsbedingungen (Ruhe, Hilfspersonen, ...) von Schüler zu Schüler sehr unterschiedlich sein können. Dennoch gibt es dafür keine einheitliche Regelung, wie ohnehin von Schule zu Schule sehr unterschiedlich mit den Hausaufgaben umgegangen wird. Deshalb: Wer Näheres und Verbindlicheres dazu wissen möchte, sollte in der Schulordnung nachschauen.

der schlüssel zum erfolg – die persönlichen hausaufgaben

Ja, du hast schon richtig gelesen – mit den »normalen« Hausaufgaben hast du dein Soll als Erfolgsschüler noch nicht erfüllt. Die persönlichen Hausaufgabe sind der eigentliche Quell des schulischen Genies. In ihnen schlummern ungeahnte Reserven, die dich, werden sie erst einmal aktiviert, auf der Notenskala steil nach oben katapultieren können. Nirgendwo sonst in deinen schulischen Bemühungen bekommst du für so wenig Arbeit so viel bessere Noten, wie durch sorgfältig gemachte »persönliche Hausaufgaben«!

Auftrieb geben auch zwei weitere wichtige Faktoren: Die meisten deiner Mitstreiter und Konkurrenten in der Schule

Nirgendwo sonst bekommst du für so wenig Arbeit so viel bessere Noten.

sind schlicht und ergreifend zu faul, sich diese zusätzliche, aber einträgliche Leistungsquelle zu erschließen. Und: Die wenigsten Lehrer rechnen damit, dass sich einer ihrer Schützlinge mehr als gefordert mit der Schule auseinandersetzt und werden dir deshalb gottgegebenes Talent unterstellen – dein Vorteil.

Was genau sind nun aber diese »persönlichen Hausaufgaben«?

Selbstständiges Lernen wird immer wichtiger. Selbstständiges Lernen wird in den höheren Jahrgangsstufen immer wichtiger, d.h. die festgestellten Hausaufgaben werden weniger und es wird eher von dir erwartet, die Dinge, die du nicht ganz verstanden hast, selbst nachzuarbeiten und zu üben. Nun aber konkret: Wenn wir behaupten, dass persönliche Hausaufgaben immer anfallen, dann meinen wir damit, dass sich schon die kleinen Dinge des Lebens in der Schule wunderbar anbringen und ausschlachten lassen. So zum Beispiel das tägliche Lesen einer Tageszeitung oder zumindest deren Titel- und Kommentarseite: Das ermöglicht es, über aktuelle Themen im Unterricht mitzureden oder gar vom Stoff des Unterrichts auf aktuelle Themen zu schließen. Ein Beispiel: Wenn in Geschichte die Weimarer Republik behandelt wird, kann es nicht schaden, über die gegenwärtige Situation auf dem Arbeitsmarkt Bescheid zu wissen, schließlich war die hohe Arbeitslosenzahl in der Weimarer Republik ein entscheidendes Politikum.

Es hat sich auch als ausgesprochen vorteilhaft erwiesen, den Lehrer nach weiterführender Literatur zum jeweiligen Thema zu fragen, selbstverständlich mit der Begründung, dass du sie für die nächste Klausur dringend brauchst! Die meisten werden euch »hochmotivierten Schülern« voller Anerkennung wirklich gute Bücher empfehlen. Gut nicht deshalb, weil sie so gut zu lesen sind, sondern weil es sich dabei um Bücher handelt, die die Lehrer selbst kennen, die in ihren Unterricht und Klausurenaufbau eingeflossen sind und dich somit deine Arbeit wesentlich zielgerichteter machen lassen können.

Wenn es Zeit und Lust nicht zulassen, hast du aber die Möglichkeit, in kleinerem Stil und dennoch sehr gezielt die kommenden Stunden vorzubereiten: Häufig bist du schon den entscheidenden Schritt voraus, indem du einfach ein paar Seiten weiter im Schulbuch liest.

Wahre Fundgruben wirst du bei Schülern höherer Jahrgänge auftun, die beim selben Lehrer dasselbe Thema behandelt haben. Das fängt bei einfachen Unterrichtsmitschriften an und hört bei der abschließenden Klausur auf. Es zahlt sich also immer aus, nach solchen Leuten auf die Suche zu gehen.

Das hört sich etwas stressig an, ist es aber letztlich gar nicht: Du lernst zu Hause in entspannter Atmosphäre ohne Zeitdruck. Richtig angestellt wird das Vorlernen zum entspannten Schmökern, im Bus, auf dem Klo oder vorm Einschlafen. Vorlernen, in einiger Perfektion ausgeführt, bringt unterm Strich bei den Hausaufgaben und der Klausurvorbereitung sogar eine ganz klare Arbeits- und Stressersparnis!

Vorlernen bringt eine ganz klare Arbeits- und Stressersparnis!

Neben der Vorbereitung der kommenden Stunden kann ein Teil deiner »persönlichen Hausaufgaben« auch in der Nachbereitung der letzten Stunde bestehen. Auf die Schnelle angefertigte Unterrichtsnotizen lassen sich kurz nach der Stunde noch gut vervollständigen, ordnen und ins Reine schreiben, während das nach einigen Tagen fast nicht mehr zu machen ist und die Mitschrift nur unzusammenhängend, teils nichts sagend und somit nutzlos sein dürfte. Auch ist es sinnvoll, im Anschluss an eine hektische und aktive Schulstunde diese noch mal in einer ruhigen Minute Revue passieren zu lassen – sozusagen eine kleine Manöverkritik zu machen. Was ist in dieser Stunde schlecht gelaufen, warum, was kann man daraus lernen, und vor allem: Wie kann man es beim nächsten Mal vermeiden?

Wir hoffen, dass dir nun klar ist, dass eine der tragenden Säulen des schulischen Erfolgs in deiner individuellen Stundenvor- und -nachbereitung liegt, weil diese maßgeblich über Qualität und Quantität deiner mündlichen Mitarbeit entscheidet.

Natürlich kommt hier zusätzliche Arbeit auf dich zu, aber der Erfolg kommt mit der Zeit, und je früher du damit beginnst, desto eher wirst du die süßen Früchte der guten Noten ernten.

checkliste
Die Hausaufgaben

❶ Möglichst alle Hausaufgaben wie verlangt erledigen!

❷ Wenn dies nicht möglich ist: auswählen

Kriterien, nach denen du Prioritäten setzt:
- Wie nötig habe ich eine Verbesserung in diesem Fach (Schwerpunktfach, Notenverbesserung)?
- Wie nötig habe ich die Übung?
- Wie wahrscheinlich werden die Hausaufgaben gerade von mir verlangt?
- Wie umfangreich sind die Hausaufgaben?
- Wie schwierig sind die Hausaufgaben, wie bin ich in dem Fach drauf, werde ich wahrscheinlich Probleme bekommen?
- Wie werden sie kontrolliert (nur als Information für die Stunde, Vorlesen, Abgabe beim Lehrer, Vervielfältigung)?
- Wie viel Zeit steht mir zur Verfügung?

Was, wenn du die Hausaufgaben vergessen hast:

● Plausiblen Grund präsentieren
● Nachträglich machen und dem Lehrer ins Fach legen lassen

Bei Verständnisproblemen:

● Sofort beim Lehrer rückfragen
● Eltern, Geschwister, Freunde fragen
● Andere Bücher heranziehen
● Wenn gar nichts mehr geht, die Probleme im Detail notieren

Die persönlichen Hausaufgaben:

● Sie sind das eigentliche Geheimnis des schulischen Erfolges
● Sie fallen immer an, und bestehen aus:
    – Stundennachbereitung
    – Regelmäßigem Zeitunglesen, zumindest Titel- und Kommentarseite
    – Stundenvorbereitung
● Sie sparen unterm Strich Arbeit und Stress

lizenz zum punkten

Die Arbeit / Klausur

Lernen, Stress, Misserfolge – die Arbeit ist ganz zweifellos eine der meist gehassten Seiten der Schule und bereitet selbst den abgebrühtesten Schülern immer wieder aufs Neue Bauchschmerzen. Grund für uns zu zeigen, wie du für dich das Lernen für eine Arbeit oder Klausur (wie sie in der Oberstufe genannt wird) erheblich reduzieren kannst, wie es erträglicher und letztlich erfolgreicher wird. Stress und Angst vor und während der Arbeit sind eine Frage der richtigen Einstellung und du kannst im Vorfeld der Arbeit schon viele Punkte machen.

sekt oder selters – von der bedeutung einer arbeit

Hier kann bis zur Hälfte der Halbjahresleistung erbracht werden. Neben der zweifellos wichtigen mündlichen Note sind die Arbeiten der zweite Grundstock, auf dem dein Lehrer seine Bewertung aufbaut: Hier können je nach Fach und Lehrer in 2 x 2 Schulstunden bis zur Hälfte der gesamten Halbjahresleistung erbracht werden. Und da heißt es wirklich Sekt oder Selters. Einerseits kann bei einem Durchhänger (besonders in den Naturwissenschaften und den Fächern, in denen nur eine Arbeit pro Halbjahr geschrieben wird) viel den Bach runtergehen. Andererseits kann man mit verhältnismäßig wenig Arbeit viel absahnen, da die Arbeit ja bis zur Hälfte der Note ausmachen wird!

Mit der richtigen Taktik bei der Vorbereitung und dem Schreiben der Arbeit kannst du in 14 Tagen beim Lehrer genau so viele Punkte einheimsen, wie schriftlich schwächere Schüler im ganzen Halbjahr mühsam durch Referate oder Hausaufgaben zusammenstottern müssen. Darüber hinaus ist die schriftliche Leistung für so manchen sehr stillen und schüchternen Schüler die einzige Rettung.

Drei Schritte sind für dich der sichere Weg zur erfolgreichen Arbeit:
1. Die Vorbereitung (Was kommt dran? Was lerne ich? Wie lerne ich?)
2. Das Schreiben (Welche Einstellung habe ich? Wie gehe ich vor?)
3. Die Nachbereitung (Was kann ich aus meinen Fehlern lernen? Wie reklamiere ich Fehlentscheidungen?)

alles zu seiner zeit – der termin der arbeit

Meist wird der Termin für die Arbeit zwischen Lehrer und Klasse abgesprochen. Versuche hier, auf einen möglichst günstigen Termin hinzuwirken, also z.B. zur Mitte des Halbjahres (die meisten Arbeiten häufen sich nämlich unmittelbar vor der Ferienzeit) und möglichst in der 1.-4. Stunde, da du sonst schon zu ausgepowert bist. Die maximal zulässige Arbeitsdichte liegt bei drei Arbeiten pro Woche – eine Klassenarbeit muss spätestens drei Schultage vorher angekündigt werden. Lass es aber nie auf diese drei Arbeiten pro Woche kommen, sondern erinnere deinen Lehrer rechtzeitig an die ausstehenden Arbeiten und beeinflusse die Zeitabsprache so, dass Terminstress vermieden wird und die Arbeiten relativ gleichmäßig verteilt sind!

wohin die reise geht – den inhalt der arbeit ermitteln

Je genauer du weißt, was dich in der Arbeit erwartet, desto präziser und erfolgreicher kannst du dich vorbereiten. Folgendes wird dich dem Inhalt der bevorstehenden Arbeit das entscheidende Stückchen näher bringen:

Anwesenheit und Aufmerksamkeit in den Unterrichtsstunden kurz vor der Arbeit. Jetzt werden die meisten Tipps zum Inhalt der Arbeit gegeben. Zwar nicht so direkt, wie es zu wünschen wäre, dennoch lassen Hausaufgabenbesprechungen, ausgeteilte Kopien, Tafelbilder, besonders sorgfältig behandelte Themen und Bemerkungen des Lehrers, Schlüsse auf den Inhalt der Arbeit zu. Wachsamkeit ist gefragt und was dir »verdächtig« erscheint, sollte notiert werden.

Ältere Schüler befragen. Womöglich haben sie auch bei deinem Lehrer Unterricht gehabt und können dir mit Tipps und alten Klausuren weiterhelfen, was ziemlich das Beste ist, was dir passieren kann. Häufig verändern die »fleißigen« Pädagogen ihre alten Klausuren zu einer Unterrichtseinheit nur minimal. Und selbst wenn nicht, hast du eine gute Übung und weißt, wie Arbeiten bei deinem Lehrer aussehen können. Dieser Vorteil ist kaum mit Gold aufzuwiegen. Die Gefahr dabei: Halte den Kreis der Mitwisser so klein wie möglich, denn schnell spricht sich eine solche Taktik bis ins Lehrerzimmer herum, was alles zunichte machen kann.

Sich bei den Mitschülern umhören. Zwar sind deren Aussagen eher kritisch zu bewerten, denn häufig haben sie nicht mehr Ahnung als du, wollen dich absichtlich auf eine falsche Fährte locken oder nervös machen, und dennoch: Auch sie machen sich ihre Gedanken zu der anstehenden Arbeit und haben Ideen zu Inhalt und Vorbereitung, auf die du vielleicht noch gar nicht gekommen bist: also hinhören und kritisch abwägen.

Andere Lehrer befragen: Häufig können dir Lehrer an deiner Schule weiterhelfen, die ihren Kollegen und den Fachbereich kennen. Da sich die Lehrer untereinander absprechen, was in welchem Halbjahr zu behandeln ist, kann dir ein wohlgesonnener Lehrer sagen, was er machen würde, was vereinbart ist und wie du dich am besten vorbereitest. Gerade Lehrer, die dich mögen und/oder ihren Kollegen (bei dem du die Arbeit schreibst) nicht mögen, lassen sich zu bemerkenswerten Tipps hinreißen.

> Lehrer, die dich mögen, lassen sich oft zu Tipps hinreißen.

Den eigenen Lehrer ausquetschen und beobachten: Während dein Lehrer sonst sehr auskunftsfreudig ist, ändert sich dies im Vorfeld einer Arbeit häufig. Die Frage: »Frau Kühne, was kommt denn in der Arbeit dran?«, bleibt meist unbeantwortet. Besser sind Fragen wie: »Wo werden denn die Schwerpunkte liegen?« oder »Wie wird denn die Arbeit aufgebaut sein?«, »Kapitel ... ist dann also nicht so wichtig, oder?« und »Auf welche Arbeitsblätter sollen wir uns denn konzentrieren?«. Dein Lehrer DARF dir gar nicht direkt sagen, was drankommt, selbst wenn er wollte. Mach es ihm also leicht und frag ihn nach dem, was NICHT drankommt! Bittet ihn als Klasse, bestimmte Dinge zu wiederholen (nennt möglichst viele Dinge aus dem Unterricht), und er wird die aussuchen, die für die Arbeit wichtig sind.
Rückt dein Lehrer beim besten Willen keine Infos raus, dann bleib gelassen, denn notfalls orientierst du dich am Lehrertyp und entscheidest selbst, was Schwerpunkte waren.

wer die wahl hat ... – sammeln und auswählen des lernstoffes

Alles, was du zu deinem Arbeitsthema hast, ist jetzt gefragt. Termin und Themenbereich der Arbeit stehen fest, sodass es nun für dich zu entscheiden gilt, was du zum entsprechenden Thema lernen willst. Dazu musst du zunächst einmal dein Material sichten. Kram also deine Regel- und Vokabelhefte, Unterrichtsnotizen, alte Klausuren und Bücher hervor. Alles, was du zu deinem Arbeitsthema hast, ist jetzt gefragt. Dieses Material wird nun von dir durchgesehen und in drei Kategorien unterteilt:

Grund- und Basiswissen, das auf jeden Fall beherrscht werden muss.

Hintergrundwissen, das behandelt wurde, aber nicht unmittelbar mit der Arbeit zusammenhängt.

Schmuckwerk und Schmankerln, die der Arbeit zusätzlichen Glanz geben und den Unterschied zwischen 2+ und 1- ausmachen.

Zum Grund- und Basiswissen gehören:

- Alles, was vom Lehrer als für die Arbeit relevant bezeichnet wurde
- Regeln und Definitionen sowie Beispiele dazu
- Entscheidende historische Daten, Entwicklungen und grundlegende Strukturen
- Ausführlich behandelte Arbeitsblätter und Graphiken
- Wichtige Vokabeln
- Grundlegende Interpretationen (bei Büchern)

Üb nun die Anwendung dieses Wissens an Aufgaben und Beispielen aus dem Unterricht (besonders wichtig in den Naturwissenschaften), um Routine zu bekommen! Mach dir bewusst, dass dieses Wissen von dir verlangt wird und du in der Anwendung fit und routiniert sein musst (z.B. durch Nachhilfe, Freunde, Eltern, Lehrer ...).

Zum Hintergrundwissen rechnen wir:

- Alles, was sonst noch im Unterricht gemacht wurde
- Was nur am Rande erwähnt oder auf das verwiesen wurde
- Den Bezug des Themas zur Gegenwart (z.B. Geschichte) oder zur Praxis (z.B. Mathe)
- Benutzung von weiterführender Übungsliteratur
- Alles, wovon du annehmen musst, dass es von dir verlangt werden könnte.

Dieses Wissen wird wahrscheinlich von dir verlangt werden und hilft dir meist, im Zweier- oder Dreierbereich zu landen. Es lohnt sich also, die Zeitplanung so einzurichten, dass Zeit bleibt, um Hintergrundwissen zu vertiefen und zu festigen.

Schmankerln und Schmuckwerk sind für Zweier- und Einserkandidaten gedacht, die ihre ohnehin gute Arbeit noch mit etwas aufpeppen wollen, das dem Lehrer imponiert, ihn überrascht und somit gnädig stimmt, damit er die bessere Note rausrückt. Das Schmuckwerk nimmt nur wenig Zeit in Anspruch, da es nur in kleiner Dosis seine volle Wirkung entfaltet, du also nur wenig davon parat zu haben brauchst.

Zum Schmuckwerk gehören:

- Zitate namhafter Persönlichkeiten
- Jahreszahlen besonderer Ereignisse
- Formulierungen, die toll klingen und zum Thema passen (gerade in den Fremdsprachen sehr effektiv!)
- Fachausdrücke aus Wissenschaft, Politik, Kultur und Wirtschaft, die zum Thema gehören

Gerade mit Blick auf das Hintergrundwissen und die Schmankerln hilft es dir weiter, Sekundärliteratur einzusehen – beispielsweise Interpretationen in Deutsch, in Geschichte ein Buch, welches das Thema weiterbehandelt, Lexika zum Thema. Das sind allerdings Extras, die erst in zweiter Linie (und wenn noch Zeit ist) in Angriff genommen werden sollten. In erster Linie ist es wichtig, das vorzubereiten und herauszusuchen, was vom Lehrer erwartet wird – erst dann kommt das, was darüber hinausgeht!

step by step – die einteilung des stoffes

Machen wir uns nichts vor: Meist wird erst gar nicht gesammelt, ausgesucht und eingeteilt, sondern man sitzt am Tag vor der Arbeit über zwei saumäßig geführten Heften, liest eine Seite nach der anderen und würde am liebsten total verzweifeln, weil man weder den Durchblick noch irgendetwas in Erinnerung hat.

Indem du dir den Stoff einteilst, lernst du stressfreier. Indem du dir den Stoff aber über einen möglichst langen Zeitraum einteilst und diese Planung auch einhältst, lernst du leichter, stressfreier und letztlich erfolgreicher. Beachte bei deiner Planung, dass zunächst das Basiswissen gefestigt werden muss, um dann Hintergrundwissen darauf aufzubauen! Lern jeden Tag eine bestimmte Zeit, z.B. 1,5 Stunden, von denen eine halbe Stunde für Wiederholung der vorangegangenen Lerntage verwendet wird und die restliche Stunde für »Neues« zur Verfügung steht. Plane außerdem nach etwa 45 Minuten eine kurze (maximal 15 Minuten lange) Erholungspause ein.

Zur Verdeutlichung ein konkretes Beispiel:
In 14 Tagen steht eine Mathearbeit an. Deine Vorbereitungen beginnen 10 Tage vorher:

- **10. bis 8. Tag:** Sammlung und Auswahl des Lernstoffes
- **7. bis 5. Tag:** Lernen des Basiswissens und Rechnen von leichten bis mittelschweren Beispielaufgaben

- **4. bis 3. Tag:** Rechnen schwerer Aufgaben, Anwendung im Alltag, falls nötig Klärung von Problemen und Fragen mit dem Lehrer
- **2. bis 1. Tag:** Weitere Übungen, nichts Neues mehr, nur Wiederholung, Festigung mit dem Schwerpunkt auf deinen persönlichen Schwächen

Einen solchen Lernplan solltest du dir möglichst früh erstellen und dich strikt daran halten, denn nur so kannst du lästigen und unproduktiven Zeitdruck verhindern.

Du solltest dir möglichst früh einen Lehrplan erstellen.

Obwohl die Vorteile dieser Planung auf der Hand liegen, lehnen viele Schüler sie ab, weil sie glauben, sie würden so ihre Freizeit einschränken. Na gut, wer es angenehm findet, eine Woche mit einem schlechten Gewissen herumzulaufen, weil er nichts für die anstehende Arbeit tut und dann drei Tage lang jede freie Minute zum Büffeln braucht, um am Ende unterm Klassendurchschnitt zu landen, dem ist nicht zu helfen.

Die Vorteile deiner Planung wirst du jedoch schon beim ersten Testlauf schätzen lernen:

- Entspanntes Lernen ohne Druck
- Effektiveres Lernen, da durch Wiederholungen und Lernen in kleinen Schritten das Wissen erheblich besser gefestigt wird und dir somit länger in Erinnerung bleibt
- Mehr Sicherheit und Erfolg bei der Anwendung des Gelernten; da du fachlich fit bist und in der Vorbereitung die Umsetzung deines Wissens geübt hast, gehst du relativ routiniert und sicher in die Arbeit. Wo andere Fehler aus Nervosität und Unsicherheit machen, zockst du in aller Ruhe ab
- Probleme mit dem Stoff rechtzeitig erkennen und mit dem Lehrer klären, da dafür immer Zeit zur Verfügung steht.

**Exakte Pla-
nung und
ihre Einhal-
tung sind
das absolute
Muss.**

Geradezu überlebenswichtig wird die zeitliche Planung deiner Arbeitsvorbereitung, wenn zwei oder mehr Arbeiten gleichzeitig vorzubereiten sind oder das Abi vor der Tür steht und für drei Fächer zu lernen ist! Exakte Planung und ihre Einhaltung sind dann das absolute Muss, wenn du nicht bei einer der Arbeiten Schiffbruch erleiden willst.

jeder wie er mag – die lerntechnik

... ist zweifellos eine Frage des persönlichen Geschmacks. Ob du nun Karteikarten, dein Heft, ein Buch oder gar den Computer zum Lernen benutzt, hängt davon ab, womit du am besten zurecht kommst. Jeder lernt anders und viele Bücher sind zum Thema »richtiges Lernen« geschrieben worden. Hier musst du entscheiden, welche Lernmethode für dich am effektivsten ist.

der countdown läuft – kurz vor der arbeit

Jeder kennt das Szenario, das sich eine Minute vor Beginn der Arbeit abspielt:

»Kann mir mal jemand 'ne Patrone für meinen Füller geben, in pink, bitte – hört mir denn keine Sau zu?«

»Hier, verflucht, ich brauch Schreibblätter, nein nicht die da, karierte und bitte gelocht.«

Wer die Arbeitsmaterialien am Tag vorher nicht bereitlegt, kommt zwangsläufig bald in Bedrängnis. Setz dich einem solchen Stress nicht aus, das raubt dir nur die Ruhe und Energie, die du für deine Arbeit brauchst! Lege dir am Abend vorher so viele Blätter wie nötig in einer Klarsichtfolie zurecht, sorg für einen Füller, mindestens eine Ersatzpatrone und am besten noch einen Ersatzfüller.

Auch die anderen Materialien sollten am Vortag eingepackt werden: Wer bei einer Mathematikarbeit seinen Taschenrechner vergisst, kann die Doppelstunde, in der die Arbeit geschrieben wird, genauso gut auf dem Klo verbringen, denn ausgeliehene Taschenrechner haben grundsätzlich die ärgerliche Eigenschaft, dass man mit ihnen aufgewachsen sein muss, um sie bedienen zu können.

Lineale, Geodreiecke, Millimeterpapier, Lektürehefte, Wörterbücher und andere erlaubte Hilfsmittel werden ebenfalls einen Tag vorher eingepackt.

Steh am »Arbeitstag« am besten eine Viertel- oder eine halbe Stunde früher auf als sonst. Verwöhne dich, mach das Frühstück etwas fürstlicher, steck dir Süßigkeiten und andere Kleinigkeiten ein und vermeide alles, was dich nerven könnte! Jetzt kann die Schlacht beginnen.

don't worry ... – vom umgang mit stress

Wie man mit Prüfungsangst umgeht und sie besiegt, darüber könnte man ein eigenes Buch schreiben; die Möglichkeiten, mit der Panik vor einer Prüfung fertig zu werden, reichen von Sport bis zur Ablenkung durch Fernsehen, von der richtigen Atemtechnik in der Klausur bis hin zum autogenen Training. Alle diese Techniken zur Stressbewältigung haben allerdings eine Tücke: Sie wiegen dich, wenn sie denn tatsächlich funktionieren, in trügerischer Sicherheit. Nach unserer Ansicht gehört ein gewisses Maß an Unsicherheit und Nervosität zur Vorbereitung und zum Schreiben einer Arbeit. Durch sie wirst du angetrieben und motiviert. Je besser du den Stoff beherrschst, desto ruhiger wirst du und desto entspannter gehst du in die Arbeit. Fatal ist es jedoch, wenn du die Nerven verlierst oder gar so panisch wirst, dass du vollkommen resignierst. Dann solltest du dir Folgendes klar machen:

Je besser du den Stoff beherrschst, desto ruhiger wirst du.

Jede Arbeit ist zu schaffen, wenn du dich nur ernsthaft genug mit der Vorbereitung beschäftigst. Hierin liegt die Wurzel des Erfolgs, aber auch jeden Misserfolgs!

Setz dir realistische Ziele! Sei nicht zu streng mit dir selbst und setz deine Erwartungen nicht zu hoch an: Es kann nicht dein Ziel sein, von heute auf morgen nur noch Einsen zu schreiben. Setz dir realistische Ziele mit schrittweiser Leistungssteigerung. Nichts ist so frustrierend, als permanent mit sich unzufrieden zu sein. Mach das auch deinen Eltern klar, falls sie dich unter Druck setzen. Die wenigsten erbringen unter Druck optimale Leistungen.

Für alle, denen diese Tipps nicht so richtig weiterhelfen, raten wir, in der Bibliothek mal einen Blick auf Literatur zu diesem Thema zu riskieren.

In kritischen Fällen kannst du es auch mit Nachhilfe probieren, wobei diese nur Erfolg verspricht, wenn sie über einen längeren Zeitraum gemacht wird, was ein kostspieliges Vergnügen werden kann. Verständnisprobleme, die dich verunsichern, lassen sich aber durch Vorbereitung mit Nachhilfe gut in den Griff bekommen, da du hier unter Aufsicht übst und somit routinierter und ruhiger wirst.

die stunde der wahrheit – das schreiben der arbeit

Der mit Abstand größte Teil der Maloche liegt hinter dir, die Vorbereitungen sind abgeschlossen. Durch sie hast du dir eine gute Ausgangsposition geschaffen, die es nun in der Arbeit optimal umzusetzen gilt. Leider ist das reine Wissen aber nur ein Teil des Erfolgs in der Arbeit, denn es gehört noch ein bisschen Taktik dazu, um wirklich maximale Punkte abzustauben. Und leider kann man trotz einwandfreier Vorbereitung mit der falschen Schreibstrategie böse einbrechen:

8.05 Uhr

Während eines Smalltalks mit seiner Freundin auf dem Schulhof fällt Hans-Hermann Beutelschneider siedend heiß ein, dass er ja in den ersten beiden Stunden eine Geschichtsarbeit schreibt. Er saust los, kommt aber nicht mehr rechtzeitig: Lehrer Hasenpfeffer hat gerade die Erläuterung zur Aufgabenstellung abgeschlossen. Abgehetzt grapscht Hans-Hermann die Aufgabenzettel, lädt eine Flut von Schreibutensilien und Maskottchen auf den Tisch und liest die erste von drei Aufgaben.

8.10 Uhr

Da sich Hans-Hermann nun nicht sicher ist, ob die etwas schwammig formulierte Aufgabe knapp oder ausführlich abzuhandeln ist, zieht er kräftig vom Leder und verzichtet aus Zeitgründen auf die Erstellung eines Vorkonzepts.

9.15 Uhr

Fünf Seiten hat er geschafft und ist zufrieden mit sich. Sogar einige Zitate und Kommentare (seine Schmankerl für den Lehrer) konnte er unterbringen. Leider hat die Gliederung etwas gelitten, da Hans-Hermann auf Seite drei eingefallen ist, dass er auf Seite eins einen wichtigen Punkt vergessen hat, den er auf einer späteren Seite nachreicht. Auch ein paar Wiederholungen sind mit reingerutscht.
Ein Blick auf die Uhr lässt ihn erstarren, für die letzten zwei Fragen, die er noch nicht einmal durchgelesen hat, bleiben noch knapp 20 Minuten!

Frage zwei hat er doch schon zum großen Teil in eins abgehandelt – also legt er los und wiederholt das aus eins, was für zwei von Bedeutung ist, und schmiert unter Zeitdruck noch etwas Ergänzendes dazu.

9.30 Uhr
Das nahende Ende der Stunde lässt Hans-Hermann Aufgabe zwei abbrechen (anderthalb Seiten müssen genügen), denn auch zu Nummer drei muss er sich noch etwas einfallen lassen.
Für eine abschließende Durchsicht bleibt ihm keine Zeit, wobei er seine Sauklaue ohnehin kaum selbst entziffern kann.

9.50 Uhr
In der Pause stellt Hans-Hermann fest, dass sich keiner so intensiv vorbereitet hat wie er. Darüber hinaus liegt er, was die Anzahl der geschriebenen Seiten betrifft, im vorderen Bereich. Obwohl er weiß, dass Aufgabe zwei und drei nicht so super sind, hofft er, dass Aufgabe eins ihn rausreißt und er eine Drei bekommt.

Eine Woche später
Hans-Hermann kann es nicht fassen: Die Bewertung lautet »mangelhaft«, mit dem Vermerk: »Gewichtung falsch, unstrukturiert, stilistisch eine Katastrophe – du kannst dein Wissen nicht rüberbringen, strukturiere besser und achte auf Formalfehler!«

killer des erfolges – hans-hermanns' fehler

Eigentlich war Hans-Hermann gut vorbereitet, doch mit groben Fehlern beim Schreiben der Arbeit hat er sich seinen Erfolg verbaut. Gehen wir sie einmal der Reihe nach durch:

Erster Fehler: *Er kommt zu spät zur Arbeit. Dadurch hat er nicht nur weniger Zeit als seine Mitschüler, sondern verpasst außerdem die Erklärung der Aufgaben durch den Lehrer.*
Also: Sei pünktlich zur Arbeit im Klassenraum. Fünf Minuten Verspätung bei 90 Minuten Arbeitszeit sind mehr als 5% weniger Zeit! Zu früh im Klassenraum solltest du allerdings auch nicht sein, da dort deine Nervosität steigt und du von der allgemeinen Nervosität leicht angesteckt wirst.

Zweiter Fehler: *Er erfasst die Aufgabenstellung nicht vollständig und arbeitet deshalb am Ziel vorbei. Trotz seiner Verspätung müsste er darauf bestehen, die Fragen zu den Aufgaben von Hasenpfeffer beantwortet zu bekommen. Das ist sein gutes Recht.*
Also: Hör genau zu, wenn die Aufgaben vom Lehrer erläutert werden. Häufig gibt er hier schon entscheidende Tipps! Kläre jede Aufgabe 100%ig! Räume alle Zweifel aus. Löchere deinen Lehrer mit Fragen (im Übrigen auch während der Arbeit), bevorzugt mit solchen, die nicht mit Ja oder Nein zu beantworten sind. Häufig verplappert er sich oder gibt ungewollt Tipps. Fragen kostet nichts! Hör auch den Fragen von Klassenkameraden zu: Häufig klären sich dadurch auch eigene Fragen.

Dritter Fehler: *Er liest den Text nicht in Ruhe durch! Auch dies kostet ihn letztlich Punkte, da insbesondere in der ersten Aufgabe der Text wiedergegeben werden soll.*

Also: Nimm dir Ruhe und Zeit, um den Text und die Aufgaben mehrmals zu lesen. Sie sind das Fundament, auf dem du deine Arbeit errichtest! Versieh den Text beim zweiten Durchlesen am Rand mit Fragezeichen (bei Unklarheiten) und Ausrufezeichen (bei Wichtigem). Das erleichtert dir die Orientierung. Benutze beim dritten Durchlesen einen Textmarker, um Wichtiges für eine Inhaltsangabe hervorzuheben (z.B. wichtige Schlagworte oder Zitate).

Vierter Fehler: *Hans-Hermann plant seine Arbeitszeit völlig falsch. Die meiste Zeit verwendet er auf die Aufgabe, die die wenigsten Punkte bringt, weswegen er für die anderen dann kaum noch Zeit übrig hat.*
Also: Plane deine Zeit in Abhängigkeit von Umfang und Gewichtung der Aufgaben! Wenn die Gewichtung der einzelnen Aufgaben nicht ausgewiesen ist, frag nach! Anderenfalls gilt: Je umfangreicher, desto mehr Punkte gibt es.

Fünfter Fehler: *Er versäumt es völlig, sich ein Konzept von dem, was er schreiben möchte, zu erstellen. Da er zwar Etliches zum Thema weiß, dies aber vor dem Schreiben nicht ordnet, ergeben sich viele Wiederholungen und eine chaotische Struktur. Klar, dass dies zu Punktabzug führt.*
Also: Auch Struktur und Stil geben Punkte, insbesondere in den sprachlichen Fächern! Fertige also immer ein Vorabkonzept auf Schmierpapier an! Darin steht, was in welcher Reihenfolge geschrieben werden soll, wo Bezug zum Text, zum Unterricht oder zu anderem hergestellt werden soll, wo Zitate, Zahlen, Schlagwörter etc. eingefügt werden. Alle Vorteile sind damit auf deiner Seite:
- *Übersichtliche und logische Struktur deines Textes*
- *Keine Wiederholungen, nichts wird vergessen*
- *Optimale Nutzung der Arbeitszeit*

Du kannst deinen Text in einem Zug schreiben, somit machst du weniger Rechtschreibfehler, da du dich voll aufs Schreiben konzentrieren kannst, und der Text ist hinterher besser lesbar.

Sechster Fehler: Hans-Hermann kann unter dem Zeitdruck nicht mehr ordentlich schreiben. Folge: Seine Sauklaue macht es Herrn Hasenpfeffer nicht gerade leicht, die Arbeit zu lesen. Nicht besonders klug, den Lehrer bei der Korrektur auch noch mit mieser Schrift zu frusten.
Also: Sei um ein einigermaßen ordentliches Schriftbild bemüht! Es kann den Lehrer, wenn es zwischen zwei Noten auf der Kippe steht, zu Milde und Goodwill bewegen, wovon du natürlich profitierst! Gleiches gilt auch für andere formale Wünsche deines Paukers. Wir denken da an: Korrekturrand am rechten Heftrand, Seitennummerierung deiner Arbeit, Lochung, Datum, dein Name, Papiersorte. Erfülle jeden Wunsch von Karo- bis zu handgeschöpftem Büttenpapier! Es kann nur zu deinem Vorteil sein.

Siebter und letzter Fehler: Hans-Hermann hat keine Zeit mehr, die Arbeit noch einmal durchzulesen. Dabei würde er sicher noch den einen oder anderen Rechtschreibfehler (Formalfehler) ausfindig machen und verbessern können!
Also: Plane immer fünf Minuten am Schluss der Arbeit ein, die du dazu nutzt, deine Arbeit in Ruhe durchzulesen, um Grammatik- und Rechtschreibfehler aufzuspüren.

Wenn du an deinem Konzept entlang zu schreiben beginnst, achte generell auf Folgendes: Mach die Strukturierung deines Textes durch Absätze deutlich. Nichts nervt beim Lesen mehr, als eine Textwüste, in der man keine Gliederung erkennt. Bemüh dich, die Gliederung auch sprachlich darzustellen. Verwende also Wörter, wie »erstens, zweitens, einerseits, andererseits«. Wichtige Wörter solltest du ruhig unterstreichen!

Mach die Strukturierung deines Textes durch Absätze deutlich.

Deine Sätze sollten kurz bis mittellang und prägnant formuliert sein (Geschwafel ist nur zulässig, wenn dir überhaupt nichts einfällt). Vermeide Bandwurmsätze sowie verschachtelte Satzkonstruktionen (Sie bergen viele Fehlermöglichkeiten!).

Fremdwörter können unheimlich Eindruck machen. Geize nicht mit Fremdwörtern (Sie machen RICHTIG angewendet unheimlich Eindruck und gaukeln dem Pauker Wissen vor!). Achtung, nicht übertreiben und die verwendeten Wörter kennen und schreiben können! Wenn sich eine Formulierung komisch anhört, dann setze sie in Anführungszeichen – etwas, das in Anführungszeichen steht, genießt Narrenfreiheit.

Ein wichtiger Punkt, der oft unterschätzt wird, sind Zitate. Wenn du mit Zitaten aufwarten kannst, die du als Schmankerln vorbereitet hast, verleiht dir das den Touch weltmännischer Bildung, und die erhebt dich über den Rest der Klasse. Dabei ist es völlig unerheblich, ob die zitierten Leute, das, was du ihnen in den Mund legst, auch wirklich gesagt haben: Wenn dir etwas Geistreiches einfällt, dann schreib es auf und unterstell einfach, es sei von Mahatma Gandhi oder Franz-Josef Strauß. Zitier am besten Leute, die ihr Leben lang nur Zitate von sich gegeben haben – Goethe, Schiller, Shakespeare, Marx oder George Washington kann man eigentlich immer gut verwenden. Formulierungen wie: »Im Unterricht haben wir ja festgestellt, dass ...« bringen's gut. Unbedeutende Lehrer freuen sich immer, wenn ihnen Bedeutungsvolles in den Mund gelegt wird.

Nicht zitierenswert sind jedoch Fernsehmoderatoren, Comicfiguren, extremistische Tyrannen, Fußballtrainer oder Mitglieder populärer Musikgruppen. Wer dem Lehrer weismachen will, der Ausspruch »Das Universum muss endlich sein, sonst existiert keine Determination« stamme von Darth Vader, Verona Feldbusch oder Bob Marley, wird sich bei der Rückgabe der Arbeit vielleicht die eine oder andere Frage gefallen lassen müssen. Übrigens: Auch Zitate müssen in Anführungszeichen gesetzt werden.

Da bei naturwissenschaftlichen Arbeiten kein selbstformulierter Text von dir verlangt wird, sieht die Sache dort ein bisschen anders aus:

Die Aufgaben sorgfältig durchlesen und deinem Lehrer bei der Besprechung gut zuhören, lohnt sich auf jeden Fall. Mach dir anschließend klar, welche Aufgaben aufeinander aufbauen. Fang mit den leichten Aufgaben an und geh erst dann zu den schweren über. Es ist nämlich ein psychologischer Vorteil, nach dem Lösen der leichten Aufgaben, durch ein Erfolgserlebnis gestärkt, an die kniffligen zu gehen. Außerdem weißt du nie, wie viel Zeit du für die schweren brauchst, während die einfachen meist schnell von der Hand gehen! Häufig ist die vom Lehrer vorgegebene Reihenfolge die sinnvollste, wenn bestimmte Aufgaben beispielsweise aufeinander aufbauen.

Fang mit den leichten Aufgaben an.

Noch ein letzter Tipp: Wenn du etwas korrigieren willst, dann streich das Falsche durch und schreib das Richtige darüber, daneben oder mit Sternchen gekennzeichnet an das Textende – aber benutze unter gar keinen Umständen einen Tintenkiller! Man muss es so drastisch formulieren: Es sieht einfach beschissen aus.

die große versuchung – spicken

Da wir gerade bei der Benutzung von Hilfsmitteln sind, noch ein paar Zeilen zum Thema »unerlaubte Hilfsmittel« – den Spickern. Wir verweisen auf die umfangreiche Literatur zum Thema und sagen nur so viel: Du musst selber entscheiden, inwiefern du bereit bist, das Risiko einzugehen, ertappt zu werden. So mancher Spicker hat schon »Leben gerettet«, einige jedoch auch dazu geführt, dass Schüler für lange Zeit bei ihren Lehrern nichts mehr zu melden hatten.

the final cut – rückgabe und nachbereitung der arbeit

Es dauert mitunter unverschämt lange, bis so mancher schwer schuftende Pädagoge Zeit für die Korrektur der Arbeiten findet. Irgendwann ist es dann aber so weit, und mit Hummeln im Bauch bekommst du deine Arbeit zurück! Egal, ob deine Note nun besonders gut ist oder besonders schlecht, sie deinen Erwartungen entspricht oder nicht: Verzichte auf wilde Gefühlsausbrüche!

Verzichte auf wilde Gefühlsausbrüche!

Bewahre die Ruhe und sieh dir deine Arbeit an: Kam das dran, was du erwartet hattest? Was wurde positiv bewertet, wo sind deine Fehler? Welchen Kommentar hat dein Lehrer unter die Arbeit geschrieben? Welche Fehler haben andere gemacht, welche Punktabzüge hat es dafür gegeben?

Wie gut du im Vergleich zur Klasse abgeschnitten hast, siehst du am Notenspiegel, den du, wie auch den Notenschnitt und die Punkte-Noten-Zuordnung, unbedingt vom Lehrer verlangen solltest – das ist wichtig, um den Erfolg und die eigene Leistung einzuschätzen. Zähle die Punkte noch einmal zusammen, um einem eventuellen Irrtum auf die Spur zu kommen, sieh dir die Fehler genau an und überprüfe, ob sie zu Recht angestrichen wurden.

Wenn dir eine Korrektur des Lehrers nicht ganz klar ist, dann frag zunächst deinen Banknachbarn, bevor du fälschlich Zeter und Mordio schreist. Wenn du tatsächlich auf eine Fehlkorrektur stößt, pöble deinen Lehrer nicht an, sondern bitte ihn, dir die Entscheidung zu erläutern – in der Mehrzahl der Fälle klärt sich das Problem.

Auf gar keinen Fall solltest du aus Wut oder verletztem Stolz unsachlich werden: Dein Lehrer ist verpflichtet, dir zu erläutern, was er zu deiner Arbeit meint und seine Beurteilung offen zu legen! Sei also diplomatisch.

aus fehlern lernen – die klausuranalyse

Aus der Nachbereitung der Klausur kannst du eine Menge für zukünftige Arbeiten lernen. Deshalb ist es ratsam, bei der Besprechung der Arbeit einigermaßen aufmerksam zu sein, auch wenn du mit dem Ergebnis zufrieden bist. Von Vorteil ist sicher, eine Verbesserung anzufertigen: Durch sie wirst du bestimmte Fehler garantiert nicht mehr wiederholen. Darüber hinaus kannst du nicht nur aus den eigenen Fehlern, Mängeln und Schwächen lernen, sondern auch etwas über deinen Lehrer und seine Ansprüche erfahren.

Aus der Nachbereitung der Klausur kannst du eine Menge für zukünftige Arbeiten lernen.

Seine Bewertungskriterien: Worauf legt er Wert? Auf exakte und genaue Wiedergabe des Unterrichtsinhalts, auf die Struktur, auf den Stil und die Form, auf die Masse des Geschriebenen, auf präzise Formulierungen, auf eigene gedankliche Entfaltung und die persönliche Meinung, belohnt er Zusatzwissen und »Schmankerln«?

Seine bevorzugten Aufgabenformen: Textaufgaben, aufeinander aufbauende Aufgaben, trickreiche Aufgaben, mit dem Versuch, dich auch mal hinters Licht zu führen, Analyse von Graphen, Anwendung des Gelernten im täglichen Leben, Textwiedergabe, Einbringen von Unterrichtswissen ...
Wenn du dies erkennst, dann weißt du, auf was du dich schwerpunktmäßig vorbereiten musst und du kannst deinen Lern- und Arbeitsstil den Ansprüchen des Lehrers anpassen – so wirst du deine Arbeiten in Zukunft »nach Art des Lehrers« hinbekommen.

1. Vorbereitung

● Inhalt ermitteln durch:
  – Anwesenheit im Unterricht kurz vor der Klausur (Hausaufgaben, Bemerkungen des Lehrers etc.)
  – Fragen an ältere Schüler (alte Arbeiten, Erfahrungsaustausch)
  – Umhören bei den Klassenkameraden
  – Fragen an andere Lehrer

● Sammeln, Auswählen und Einteilen des Lernstoffes in:
  – Basiswissen (Regeln, Definitionen, Beispielaufgaben, was der Lehrer als »wichtig« bezeichnet hat)
  – Hintergrundwissen (alles, was sonst noch behandelt wurde, weitere Übungen, Vertiefung des Basiswissens)
  – Schmankerln (Zitate, Fachworte, Formulierungen)

● Erstellung eines Lernplans:
  – Möglichst früh damit beginnen, ca. 1-2 Stunden pro Tag lernen
  – Basiswissen zuerst lernen, Wiederholungen einplanen
  – Lernplan unbedingt einhalten
  – Entspanntes und effektives Lernen, mehr Sicherheit und weniger Stress

- Kurz vor der Arbeit:
  - Arbeitsmaterial bereitlegen und Funktion überprüfen
  - Den Tag ohne Stress beginnen
  - Wer sich gut vorbereitet hat, braucht keine Angst zu haben
  - Nicht durch sich selbst oder die Eltern unter Druck setzen lassen
  - Ruhiger und konzentrierter Start in die Arbeit

2. Schreiben der Arbeit
- Erscheine pünktlich (nicht zu früh, keinesfalls zu spät!)
- Klär die Aufgabenstellung 100%ig
- Lies die Arbeit mehrfach in Ruhe und sorgfältig durch
- Frag bei Unklarheiten auf jeden Fall den Lehrer
- Plane deine Arbeitszeit nach Umfang und Gewichtung der einzelnen Aufgaben
- Fertige für umfangreiche Texte ein Vorkonzept an
- Achte auf die Form (Papier, Schrift, Rand, Nummerierung)
- Fremdworte bringen nur richtig angewendet etwas, Zitate dagegen schinden immer Eindruck
- Nimm dir auf jeden Fall Zeit, um deine Arbeit zum Schluss noch einmal zu lesen und Fehler zu beseitigen

3. Nachbereitung

- Entsprach die Arbeit deinen Erwartungen?
- Was war anders als erwartet?
- Welche Fehler hast du gemacht, was war gut?
- Wurde vom Lehrer korrekt benotet oder gibt es Punkte, die noch zu klären sind?
- Fertige eine Verbesserung an!
- Worauf hat dein Lehrer besonders Wert gelegt?
- Was kannst du bei der nächsten Arbeit besser machen?
- Vermeidung von Wiederholungsfehlern, bessere Einschätzung zukünftiger Arbeiten und lehrertypisches Schreiben von Arbeiten.

a jolly good time

Klassenfahrt & Co

Bei Klassenfahrten und Wandertagen stehen sich grundsätzlich zwei Lager gegenüber, die unterschiedliche Posi-
tionen vertreten. Während eure Lehrer Tagesprogramme
nach dem Motto »Drei Abende und sechs Opern« oder
»2000 Höhenmeter in fünf Stunden« zusammenstellen,
geht es für euch – neben Kunst und Kultur – vor allem darum Spaß zu haben und für kurze Zeit dem drögen Schulalltag zu entkommen. Klar, dass man nebenher auch Lehrer
und Mitschüler von der privaten Seite kennen lernen kann.
Damit eine solche Unternehmung nicht im totalen Chaos
endet, sollten sich Lehrer und Schüler zunächst einmal
über den Sinn der Klassenfahrt im Klaren sein und sich
dann gemeinsam an die Planung machen. Ihr müsst wahrscheinlich manchmal ein wenig nachhelfen und die Möglichkeiten nutzen, die euch dabei zur Verfügung stehen.

check it out – die planung einer klassenfahrt

Das Geheimnis einer rundum gelungenen Fahrt liegt in der
Planung und Organisation. Je früher und intensiver diese
in eurer Hand liegt, desto eher wird euch die Fahrt gefallen. Initiative ist gefragt!
Erkundigt euch am Jahresanfang, ob eine Klassenfahrt
ansteht, wie lange sie dauern soll, was sie kosten darf
(hängt von den Eltern ab, Elternabend veranstalten!) und
bittet darum, Ziel und Gestaltung der Klassenfahrt im Unterricht zu besprechen.
Lasst euch in Sachen Fahrtenziel z.B. von Schülern anderer Klassen und Jahrgangsstufen beraten. Die können

**Das Geheim-
nis einer
rundum
gelungenen
Fahrt liegt in
der Planung
und Organi-
sation.**

euch Tipps geben, ob ein angepeiltes Ziel eine gute Fahrt verspricht oder eher mies ist.

Wir raten euch, bevorzugt in Großstädte zu fahren. Das kostet vielleicht etwas mehr, aber gerade bei längeren Fahrten ist es schon von Bedeutung, ob ihr in einer Stadt, wie Berlin oder Hamburg seid und aus einem reichhaltigen Kultur-, Disco- und Unterhaltungsprogramm schöpfen könnt, oder ob ihr eine Woche lang in einem Kaff fernab jeder Zivilisation eingesperrt seid, wo das einzige Unterhaltungsprogramm in einer Dorfschenke, der sommerlichen Provinzkirmes und einem funktionsuntüchtigen Münzfernsprecher besteht.

Holt als Klasse auch unbedingt Informationen über die Jugendherberge ein! Ob man es mit einer guten, soliden Herberge oder mit einem schäbigen Rattenloch zu tun hat, erkennt man meist schon am Prospekt. Noch zuverlässiger sind Tipps aus anderen Klassen, die euch etwas empfehlen können. Klärt im Vorfeld auch ab, ob die Jugendherberge über Gruppenräume, Sportanlage, Schwimmbäder oder sogar Musikanlagen verfügt und vor allem, ob sie zentral liegt.

Informiert euch im Vorfeld über das Ziel. Informiert euch im Vorfeld über das Ziel. Wenn ihr z.B. einen Reiseführer für Jugendliche ausleiht und darin etwas schmökert, seid ihr optimal vorbereitet, bevor die Planungsschlacht beginnt. Werden dann vom Lehrer Ideen für die Tagesgestaltung gesammelt, könnt ihr schon eine Reihe fundierter Vorschläge über Sehenswürdigkeiten, Theaterstücke, Musicals, Schwimmbäder, Discos, Kneipen, Ausflugsziele etc. machen und so dem Lehrer und seinen Ideen (!) zuvorkommen, die oft schulfachorientiert, bzw. körperlich anstrengend sind.

Sorgt dafür, dass die Freizeiten großzügig bemessen werden (mindestens 4-5 Stunden pro Tag geben Lehrer und Schüler Zeit, sich voneinander zu erholen).

In der Regel nimmt euer Lehrer eine zweite Person zur

Aufsicht mit auf die Klassenfahrt, und bei dieser solltet ihr ebenfalls eure Wünsche äußern. Wenn ihr im Vorfeld ganz klar sagt, dass ihr die 32-jährige Frau Dr. Gaudimax als Begleitperson dabei haben wollt, wird euer Lehrer sich zweimal überlegen, ob er, wie immer, den 61-jährigen herzkranken Herrn Nieselpriem als Begleiter mitnimmt oder nicht. Ihr solltet immer daran denken, dass mit der Begleitperson euer Tagesprogramm steht oder fällt. Wenn ihr Musicals, Kneipen und Discos besuchen wollt, stoßt ihr damit bei einigen Lehrern auf taube Ohren.

Sobald feststeht, wie groß die Zimmer sind und mit wie vielen Männern und Frauen sie jeweils belegt werden können, gilt: Such dir deine Zimmerkameraden so schnell wie möglich zusammen, sonst wirst du womöglich mit irgendwelchen Gestalten, die du noch nie leiden konntest, in eine Kammer gesperrt.

immer das falsche dabei – wissenswertes zum gepäck

Das Packen sollte nicht auf den letzten Drücker passieren, denn dann bleibt meistens die Hälfte zu Hause liegen und die eingepackte andere Hälfte besteht aus so »wichtigen« Dingen wie Lippenstift, Kelly-CD's, dem Wrestling Posterbook sowie einer Dose Erdnüssen und einer Pulle Apfelkorn. Na dann, schöne Ferien!

Das Packen sollte nicht auf den letzten Drücker passieren.

- Pack rechtzeitig und mach dir eine persönliche Liste; denn nur so kannst du sicher sein, wirklich an alles Wichtige gedacht zu haben.
- Nimm nie zu wenig Geld mit, sonst musst du die Hälfte der Zeit auf Pump leben und das ist nervig. Vertrau dein Geld entweder dem Lehrer an oder trag es in einem Brustbeutel bei dir!

- Telefonkarte und erforderliche Ausweise (Personalausweis, Führerschein) sollten ebenfalls nicht vergessen werden.
- Pack vorausschauend in Sachen Kleidung, damit du nicht einen Rodelurlaub in den Alpen mit einem Paar Sandalen, drei Miniröcken und zwei Shorts verbringen musst. Sei auf jedes Wetter vorbereitet!
- Denk an eine Thermoskanne, in die du dir beim Frühstück Tee oder Saft abfüllen kannst (ratsam: Instanttee mitnehmen). Die meisten Jugendherbergen schenken nämlich zu Mittag keine Getränke aus.
- Waschsachen, Dusch-, bzw. Badelatschen und Handtücher müssen dabei sein – falls du sie vergessen hast, kauf dir lieber an Ort und Stelle neue, als sie dir in der Klasse zusammenzupumpen.
- Immer wieder gern vergessen: der Wecker und der Föhn – denk dran. Reiseführer sowie eine Wanderkarte oder ein Stadtplan der Region sind nützliche Hilfsmittel.
- Wichtig ist womöglich auch ein Schweizer Taschenmesser. Allerdings nicht zur Selbstverteidigung, sondern weil dir dessen Multifunktionalität sehr nützlich sein kann; angefangen mit dem Flaschenöffner bis hin zum Schnitzen von Ornamenten und dem Entfernen von Holzsplittern aus Fußsohlen.
- Zum Transport empfehlen wir entweder einen großen Rucksack oder zwei gleich große Taschen, die sich wesentlich bequemer tragen lassen als Koffer oder Plastiktüten.

wodka martini, geschüttelt, nicht gerührt – zum thema alkohol

Keine Klassenfahrt ohne Alkohol und Zigaretten. Das hört sich krass an, ist aber nun mal Realität, auch wenn Eltern und Lehrer das nicht gerne hören. Ein paar »Saufbrüder« und -schwestern sorgen immer für ausreichenden Vorrat und diejenigen, die bisher noch nicht damit zu tun hatten, laufen Gefahr, durch den Gruppenzwang von den anderen gegen ihren Willen zum Zechen verführt zu werden.

Wenn du es unbedingt mit dem Alkohol aufnehmen willst, dann tu's. Du solltest es aber nicht übertreiben, denn es könnte wirklich in einer Katastrophe enden und peinlich für alle Beteiligten werden. Bei zwei bis drei Bierchen zusammenzusitzen ist lustig und schön, da setzt sich auch manch aufgeschlossener Lehrer gerne dazu und trinkt einen mit. Sich dagegen schon um 22.00 Uhr besoffen und bekifft in der Berliner Untergrundbahn zu übergeben, kann böse Folgen haben, vom totalen Alkoholverbot für die ganze Klasse (und du bist der Buhmann), bis zum Nach-Hause-geschickt-werden und einem Verweis samt Brief an die Eltern. Frag dich immer: »Wie viel vertrage ich wirklich?«, »Was und wie viel habe ich als Grundlage im Magen?«, und »Was will man mir da eigentlich andrehen?«.

Frag dich immer: »Wie viel vertrage ich wirklich?«

Sauf nicht durcheinander und verweigere die Annahme von abenteuerlichen Mixturen mit noch abenteuerlicheren Namen! Auch süße Obstbowlen mit mehr als acht Zutaten sind gefährlich.

Vielleicht veranstaltest du mit deinen Eltern zu Hause ein »Probetrinken in sicherer Atmosphäre«, bei dem du die Wirkung des Alkohols austestest um nicht bei der Klassenfahrt ins kalte Wasser geschleudert zu werden.

Zu den auf Klassenfahrten mindestens genauso beliebten Zigaretten gibt es nicht allzu viel zu sagen: Dass sie gesundheitschädlich sind, ist mittlerweile ja bekannt, trotzdem raucht jeder, nur um dazu zugehören, schmecken tut sie aber offensichtlich beim ersten Mal niemandem so richtig, und Zimmer, Kleider und Hälse riechen hinterher wie die Achselhöhlen von Fiedel Castro. Aber bitte, wer diese Erfahrung braucht, der soll sie machen! (Beachte ge-

gebenenfalls Rauchverbote in der Jugendherberge, die bei Missachtung erhebliche Probleme mit Lehrern und der Herbergsleitung bringen können!)

what's up – verhalten bei wanderungen und ausflügen

Um Wanderungen kommt man bei einer Klassenfahrt in den seltensten Fällen herum – die Lehrer haben als Ausgleich zu ihrem »Stubenhockerberuf« sportliche Betätigung und frische Luft gern, was die wenigsten Schüler nachvollziehen können. Insofern ist man in Sachen Wanderung meistens verschiedener Meinung. Für die Klasse bleibt nur zweierlei: Entweder ihr habt bei der Planung der Fahrt exzessiven Wanderungen schon früh einen Riegel vorgeschoben, oder ihr müsst einfach die Zähne zusammenbeißen und durchhalten.

● Wichtig ist Pünktlichkeit – Treffpunktzeiten sind verbindlich und keine informativen Richtgrößen, denn es nervt unheimlich, 20 Minuten zu warten, bis endlich die letzten Figuren angetrödelt kommen.
Zeig also ein Minimum an Disziplin, halte dich außerdem an Haus- und Museumsordnungen und richte keine Feuer- und Flurschäden an, weil beides sehr, sehr teuer werden kann.

● Auch wichtig: Dauer, Ziel, Pausenstationen und Strecke der Tour sollten allen bekannt sein und eingehalten werden, damit, falls jemand von der Gruppe getrennt wird, er eine Chance hat, sie auch wieder zu finden.

● Bei Fahrradtouren an Flickzeug denken und wissen, wie es benutzt wird. Die Gefahr verspottet zu werden ist sonst groß und das Erlebnis ziemlich peinlich.

● Komm besser nicht auf die Idee, dich von der Gruppe zu separieren und waghalsige Abkürzungen auszuprobieren. Wenn 27 Schüler mit der Seilbahn nach Hause kommen und drei mit dem Rettungshubschrauber der ansässigen Bergwacht, kann das unter Umständen zu Unmut des Lehrers führen.

- Überprüf vor Wanderbeginn unbedingt deine Bekleidung: Hast du auch wirklich Wanderschuhe an und bist für Hitze und Regen ausgerüstet? Hast du deine Reiseapotheke dabei?
- Denk an Proviant und Getränke, damit du nicht auf dem Trockenen sitzt.

Trotz aktiver Planungsbeteiligung von Schülerseite wirst du auch Naturkundemuseen, Schlösser, Regierungsgebäude und miefige Katakomben im Laufe deiner Klassenfahrt über dich ergehen lassen müssen. Im Folgenden einige Tipps, wie man mit diesen Planstellen in der Tagesordnung umgehen kann:

- Nicht gleich meckern – eure Lehrkraft glaubt, dass es euch interessiert, also zieht mit und bringt es hinter euch, was euch im Museum für Bengalesische Kunstgeschichte erwartet. Wenn ihr eure Techno-Party abfeiert, fängt euere Lehrerin ja auch nicht an, lauthals herumzutrompeten, wie sehr sie das alles abtörnt.
- Wenn dich nun aber wirklich alles zu Tode langweilt, dann zieh dich besser mit deiner besten Freundin zum Plausch in ein ruhiges Eckchen zurück, als mit deinen Kumpels mitten im Museum für altgriechische Keramik einen Skat zu dreschen.
- Aus Versicherungsgründen solltest du es vermeiden, Dinosaurierskelette umzuwerfen, astronomische Instrumente zu dejustieren und verbotene Gartenabschnitte zu begehen, wo seltene, Fleisch fressende Pflanzen gehalten werden.

was keine freu(n)de bringt – dem gemeinsinn abträgliches

Zum Schluss noch ein paar echte Evergreens, die garantiert dazu führen, dass du entweder von deinen Freunden aus dem Zimmer gejagt wirst oder dich gar schurstracks im nächsten Zug Richtung Heimat wiederfindest:

- Die Körperhygiene schleifen lassen: Stinkende Schuhe und napalmähnliche Deos müssen zu Hause bleiben – den liebenswerten Spitznamen »Stinktier« hat man schnell und bekommt ihn nie wieder weg.
- Schlechte Laune verbreiten: Wenn dein Image die ständige Null-Bock-Haltung ist, so giltst du bald als Ekel.
- In fremden Betten erwischt werden.
- Des Schlag-, Stich- oder Schusswaffenbesitzes überführt werden.
- Permanente Unpünktlichkeit.
- Dich auf deinem Zimmer oder in der Öffentlichkeit alkoholisiert zu erbrechen.
- Mutproben, Randale, schwarze Messen, Selbstmorde, Orgien und dröhnende Raves organisieren.

the day after – die zeit nach der fahrt

Ihr solltet dem Lehrer ein Präsent zukommen lassen. Klar, dass ihr als Klasse dem Lehrer oder den Lehrern ein kleines Präsent (z.B. ein selbst gemachtes Fotoalbum der Klassenfahrt) zukommen lassen solltet – schon allein deshalb, weil ihr alle wohlbehalten heimgekehrt seid. Schließlich haben auch die Lehrer in Planung und Durchführung der Klassenfahrt sehr viel Zeit und Mühe investiert.

Wenn ihr unsere wichtigsten Tipps beachtet, dann wird auch eure nächste Klassenfahrt bestimmt das, was sie sein sollte: a jolly good time!

In diesem Sinn:

checkliste
Klassenfahrt & Co.

Planung:
- So früh wie möglich mit der Planung beginnen:
    - Wann soll die Fahrt stattfinden?
    - Wohin soll es gehen?
    - Wie teuer darf es werden? (Elternabend?!)
    - Welchem Zweck dient die Fahrt?
    - Was kann/muss während der Fahrt gemacht werden?
- Dazu:
    - Von Schülern anderer Jahrgangsstufen beraten lassen.
    - Informationen über Jugendherberge einholen.
    - Im Vorfeld über Reiseziel informieren, Vorschläge für Tages- und Abendgestaltung machen und ausreichend Freiräume planen.
    - Bei Auswahl der Begleitperson ein Wörtchen mitreden.
    - Welche Zimmerkameraden kommen in Frage?

Gepäck:
- Ein bis zwei Tage vor Abfahrt mit dem Packen beginnen.
- In Sachen Kleidung vorausschauend packen.
- Rucksack oder zwei Taschen mitnehmen.

Verhalten:
- Bedenke: Indirekt wird dein Verhalten auch während der Fahrt benotet, also Vorsicht!
- Beim Alkohol nicht übertreiben.

e-m@il for you

Das Internet

»Das Netz der unbegrenzten Möglichkeiten«, wie es auch genannt wird, lädt nicht nur zum Chatten, Einkaufen und Spielen ein, sondern bietet vor allem Berge an Informationen. Wie aber nutzt du sie für dich und deinen schulischen Erfolg am sinnvollsten, wo findest du die informativsten Websites und wie verhinderst du, dass sich diese Infoflut unkontrolliert über dich ergießt?

Funktionen des Internet und die dazu nötigen Computerausstattungen füllen Bücher und Zeitschriften. Uns interessiert hier viel mehr, wie du einen vorhandenen internetfähigen Computer für deinen täglichen Kampf um gute Noten nutzen kannst.

großes netz mit kleinen tücken – »gefahren« im web

Jede Minute im Netz kostet bares Geld und du hast nicht unendlich Zeit.

»Es ist nicht alles Gold, was glänzt!« Das gilt auch (und besonders) für das Internet! Nachdem du Kosten und Mühen auf dich genommen hast, deinen Computer fit fürs Netz zu machen, und dich endlich bis auf die Datenautobahn durchgeschlagen hast, liegt es an dir, sich die Rosinen aus dem Datenwust herauszupicken. Zugegeben, viele bunte Seiten winken und die Auswahl fällt selbst erfahrenen Benutzern schwer – aber jede Minute im Netz kostet bares Geld und du hast auch nicht unendlich Zeit, um alles unter die Lupe zu nehmen. Jetzt solltest du wissen, was du wo suchst und die Disziplin besitzen, das Netz zu verlassen, wenn du die gewünschten Informationen hast. Schon so manches »Nur-mal-kurz-Nachschauen« endet tief in der

Nacht irgendwo auf den globalen Datenhighways, weit weg von dem, was man ursprünglich gesucht hat (von der Telefonrechnung ganz zu schweigen!). Der Vorteil »unbegrenzte Informationen schnell und einfach auf den Schreibtisch« kann sich also fix ins Gegenteil kehren.

Hat man dann endlich die heiß ersehnten Informationen gefunden, warten auch schon die nächsten Tücken: ein Virus und dein Lehrer! Während der Virus ein Programm ist, das sich unbemerkt in deinem Computer installieren und dort z.B. Daten löschen kann (wir raten deshalb zu einem aktuellen Virenschutzprogramm), ist so mancher Internet-User schon auf die Nase gefallen, wenn er z.B. eine Hausarbeit aus dem Netz im Unterricht als seine eigene ausgeben wollte! Die Versuchung ist zwar groß, der Erfolg aber meist gering. Infos aus dem Netz müssen dem Unterricht und den Absprachen mit dem Lehrer angepasst sowie von dir beherrscht werden. Eine Quellenangabe z.B. in einem Referat sollte auch hier selbstverständlich sein.

die uhr tickt – wie du unnötige kosten vermeidest

Geräteanschaffung, Zugangskosten, Telefonkosten ... Zeit ist Geld, im Internet, und deshalb musst du schnell und zielgerichtet im Netz unterwegs sein. Hier deshalb einige Tipps, die sparen helfen:

- Vergleiche verschiedene Anbieter, die dir den Zugang zum Netz ermöglichen, und ihre Tarife; die Unterschiede sind teilweise erheblich.
- Wisse, was du suchst.
- Das Beste ist, du kennst die genaue Adresse im Netz oder prägnante Suchbegriffe, sodass du nicht lange suchen musst, sondern schnell am gewünschten Ziel bist.

- Geh in den Abend- und Nachtstunden sowie den Wochenenden ins Netz, da dann die Telefongebühren am günstigsten sind.
- Mach Gebrauch von öffentlichen Internetzugängen in der Schule, der Bibliothek oder in Internetcafés.
- Nutze den »Download« (das Herunterladen und Speichern umfangreicher Dateien auf dem eigenen Rechner).
- Gebrauche nach Möglichkeit schnelle Modems und leistungsfähige Rechner.
- Wähle schnelle und zuverlässige Kataloge und Suchmaschinen bei deiner Suche im Internet. (www.altavista.digital.com oder www.yahoo.de.).
- Setz dir ein Zeitlimit, in dem du dein Ziel erreicht haben willst.
- Leg dir eine Adressdatei häufig besuchter Internetadressen an, sodass du diese direkt aufsuchen kannst.

unbezahlbar – deine vorteile durchs internet

Das Internet ist das Medium der Zukunft und die hat längst begonnen! Weil wir gerade bei den Kosten sind: Die Vorteile des Internet für dich sind mit Geld kaum aufzuwiegen und sollten deine Eltern schnell überzeugen, dir einen Zugang zu ermöglichen. Das Internet ist das Medium der Zukunft und die hat längst begonnen! In den meisten Berufen wird der vernetzte Rechner Einzug halten, wenn er es nicht schon längst getan hat, sodass deine eigene »Internetkompatibilität« mehr und mehr an Bedeutung gewinnt.

Zunächst aber bietet dir das Internet auch für deinen Schulalltag unschätzbare Vorteile, die zu nutzen einen Vorsprung für dich bedeuten:

1. Du hast rund um die Uhr von deinem Schreibtisch aus Zugriff auf riesige Mengen aktueller Informationen und Grafiken, mit denen deine Hausarbeiten und Referate, aber auch die täglichen Hausaufgaben bequemer, informativer und erfolgreicher für dich werden.
2. Insbesondere ältere Lehrer, für die das Internet das böse unbekannte Mysterium ist, sind mitunter schwer beeindruckt, Aktuelles und Umfangreiches zu ihrem Fach präsentiert zu bekommen.
3. Wer im Internet unterwegs ist, kommt viel herum, und trainiert seine Sprach- und Kommunikationsfähigkeit. Insbesondere Englischkenntnisse werden im Netz von dir verlangt und manche Vokabel auf diese Weise gelernt.

Darüber hinaus macht das Surfen eine Menge Spaß und auch das Versenden von e-mails und Faxen an Freunde spart so einige Telefonkosten und Porto. Zu guter Letzt noch einige gute Adressen im Netz, die dir wertvolle Dienste leisten können:

www.hausarbeiten.de
www.referat.org
www.spickzettel.de
www.nachhilfe.com
www.abi-tools.de

Je nachdem, was du suchst, halten Universitäten (z.B. www.uni-goettingen.de), Zeitschriftenverlage (z.B. www.spiegel.de bzw. www.focus.de), Industriekonzerne und Banken (z.B. www.deutsche-bank.de) sowie bestimmte Organisationen (z.B. www.nato.int, www.fbi.gov, www.cnn.com, www.greenpeace.de) und Regierungen einzelner Länder (www.bundesregierung.de) wertvolle Informationen und Links für dich bereit.

gewusst wie

Fehlstunden und Entschuldigungen

Donnerstag 11.30 Uhr

Christina Stöhr stolpert mit fünfminütiger Verspätung in den Biologieunterricht, was Herr Dr. Jägerfrank unwillig zur Kenntnis nimmt.

»Und, Christina, gestern blaugemacht?«

»Wie, was«, stottert sie. Durch ihre Verspätung und Jägerfranks schlechte Laune ist sie zunächst so verdattert, dass sie ihren Hautarzttermin am Vortag glatt vergisst. »Nein, ich hatte einen, äh, Arzttermin, genau.«

»Aha«, schneidet ihr Jägerfrank kurz das Wort ab, »dann zeig mir mal dein Attest.«

Verflucht, genau das hat Christina beim Arzt natürlich vergessen anzufordern, obwohl ihre Mutter sie mehrfach daran erinnert hatte.

»Ach, kein Attest«, erwidert Jägerfrank und zwirbelt genüsslich seinen Schnauzbart, »setz dich bitte hin, damit wir mit dem Unterricht fortfahren können.«

Am darauf folgenden Tag lässt ihm Christina eine handgeschriebene Entschuldigung ins Fach legen. Trotzdem bemerkt sie, dass Jägerfrank sie von jetzt an offensichtlich auf der Abschussliste hat.

Christina ist eines von vielen Opfer des lehrerlichen Misstrauens gegenüber fehlenden Schülern. Machen wir uns nichts vor – jeder hat schon einmal geschwänzt. Und jeder Lehrer weiß natürlich, dass es Schüler gibt, die seinen Unterricht schwänzen – das macht ihn argwöhnisch. Selbst jemand, der wirklich zwei Tage krank im Bett liegt, kann so in den Verdacht kommen, ein verlängertes Wochenende abgefeiert zu haben, einfach weil er seine Entschuldigung nicht glaubwürdig aufmacht.

Das Fehlen wird jedoch umso anstandsloser akzeptiert, je besser das Verhältnis zu dem entsprechenden Lehrer ist, je besser man in seinem Fach ist, je weniger man in der Vergangenheit gefehlt hat und je professioneller die Entschuldigung ist.

fehlen plausibel gemacht – der weg zur professionellen entschuldigung

Die Echtheit einer Entschuldigung wird nur mit einem Maßstab gemessen, und das ist ihre Glaubwürdigkeit; das heißt inwiefern sie in der Lage ist, beim Lehrer den Eindruck zu erwecken, dass es wirklich etwas Wichtigeres in deinem Leben gibt oder gab, als seinen Unterricht zu besuchen.

Wie verleihst du nun deiner Entschuldigung ein Maximum an Glaubwürdigkeit? Zunächst hängt das davon ab, wie viel Zeit dir bleibt, um dein Fehlen vorzubereiten. Wenn es nicht gerade der nächsten Tag ist, so solltest du dein Fehlen schon im Vorfeld beim Lehrer ankündigen und ihm den Grund nennen, ihm sagen, dass Mitschüler beauftragt sind, Kopien und Informationen an dich weiterzugeben und dies auch tatsächlich tun und Hausaufgaben unaufgefordert nachreichen.

Verleihe deiner Entschuldigung ein Maximum an Glaubwürdigkeit.

Je genauer, stichhaltiger und aussagestärker deine Entschuldigung ist, desto eher wird sie ankommen. Vermeide unbedingt allgemeine Floskeln wie »... wegen Krankheit ...«, »... wegen eines Arzttermines ...«, »... wegen einer Reifenpanne ...«; dein Lehrer würde sie zwar offiziell ak-

zeptieren, könnte aber insgeheim denken, dass du ihn ver-
alberst.

Solltest du einmal länger als drei Tage fehlen, macht es
sich immer gut, beim Klassenlehrer und der Schulleitung
telefonisch kurz Bescheid zu geben. Ist das Fehlen krank-
heitsbedingt gilt: Immer genaue und detaillierte Bezeich-
nungen und am besten Fachvokabular verwenden
(schließlich ist »Krankheit« auch der beliebteste Entschuldigungsgrund für »unechtes« Fehlen). Beispielsweise:
Sehnenscheidentzündung, Gelenkprobleme, eitrige und
fiebrige Wurzelentzündung, Borelliose nach Zeckenbiss.

Es versteht sich natürlich von selbst, dass dir dein Arzt
eine Entschuldigung mit Stempel anfertigt, die wirklich
über jeden Verdacht erhaben ist.

Falls der Entschuldigungsgrund keine Krankheit ist, so gib
genau an, warum du nicht da warst (z.B. Anwaltstermin,
Gerichtstermin, Behördentermin, Beerdigung etc.).

in top form – das layout deiner entschuldigung

Um den Eindruck, den dein Lehrer von deiner Entschuldigung hat, nachhaltig positiv zu beeinflussen, bedarf es
noch einer letzten Feinheit: der Aufmachung, des äußeren
Bildes, das deine Entschuldigung abgibt.

Es ist doch klar, dass eine Entschuldigung, Modell »Krakel
und Klopapier«, auf einer aus dem Matheheft gerissenen
Karo-Seite mit unleserlicher Handschrift geschrieben,
einen anderen Eindruck macht, als wenn sie auf weißem
Papier mit Computer geschrieben und ausgedruckt ist.

Am besten erstellst du dir ein Entschuldigungslayout im
Computer und brauchst dann nur noch Datum, Name des
Lehrers und Entschuldigungsgrund einzusetzen. Schneller
kannst du eine Entschuldigung auch von Hand nicht schreiben! Falls kein PC greifbar ist, tut es auch eine Schreibma-

Je amtlicher das Layout aussieht, desto eher nimmt man dir deine Story ab!

schine und nur im äußersten Notfall die Handschrift! Diese dann aber bitteschön gestochen ordentlich! Je amtlicher und geschäftsmäßiger das Layout aussieht, desto eher nimmt man dir deine Story ab!

Es versteht sich von selbst, dass du, sobald du wieder in der Schule bist, die Entschuldigung unaufgefordert vorzeigst. Vergiss auch nicht, dir zu notieren, bei welchem Lehrer du an welchen Tagen gefehlt hast! Allzu schnell verlierst du den Überblick und es tauchen im Zeugnis unentschuldigte Fehlstunden auf. Wer will das schon?

Zum Abschluss noch ein Wort an all diejenigen Leser, die noch nicht zu den »ganz Großen«, zu den über 18-Jährigen an der Schule gehören: Wir wissen, dass die Versuchung groß ist, seine Entschuldigung selbst zu schreiben und dann einen Krakel darunter zu setzen, der so ähnlich wie der der Eltern aussieht. Selten ist jedoch das Fälschen einer Unterschrift unentdeckt geblieben, denn spätestens mit den Zeugnissen sehen deine Eltern, dass du 20 Fehlstunden hast, sie aber längst nicht so viele Entschuldigungen unterschrieben haben; ganz abgesehen davon, dass dein Lehrer nicht viel von dir halten wird, wenn du schulbekannt wirst – als Urkundenfälscher. Also Finger weg davon!

sex and drugs ...

Liebe, Drogen und Gewalt

an jeder schule ein thema – gewalt und drogen

Waren vor ein paar Jahren noch Streitereien und Rauferei-
en Belege für den angeblichen Verfall von Moral und Sitte
an den Schulen, werden heute ganz andere Kaliber aufge-
fahren: Stich- und Schusswaffen, Bedrohung und Erpres-
sung durch organisierte Schülergruppen und Verkauf und
Gebrauch von Drogen jeder Art sind in vielen Schulen an
der Tagesordnung.

Schüler und Häufig ignorieren Lehrer und Politiker die Tatsache, dass
Eltern blei- auch an ihren Schulen der Punk abgeht, und lassen Eltern
ben mit ih- und Schüler oft ziemlich allein mit den durch Drogen und
ren Proble- hohe Gewaltbereitschaft verursachten Problemen.
men ziem- Für uns Grund genug, hier mit ein paar Tipps aufzuwarten,
lich oft was du und deine Eltern tun können, ja tun müssen, um
allein. das Schulleben für dich sicherer zu gestalten.

Drogen haben auf ihrem Weg über Discos und Partys
schon längst ihren Einzug in den Schulen gehalten – von
den noch vergleichsweise harmlosen Kiff-Drogen wie
Hasch über synthetische Drogen bis hin zum Heroin ist
mittlerweile alles schon an Schulen aufgetaucht.

Schüler, die mit Hieb- und Stichwaffen ausgerüstet sind,
haben oft – bedingt durch die Vogel-Strauß-Haltung der
Schulleitungen – freie Bahn und können Mitschüler erpres-
sen und terrorisieren, wie es ihnen beliebt. Dass unter solchen Bedingungen auf Dauer nicht nur Schüler leiden, sondern auch die Lehrer, liegt eigentlich auf der Hand.

Auf jeden Fall sollte aber für dich Folgendes klar sein: Von
Drogen und Gewalt solltest du in jeder Hinsicht die Finger
lassen.

Gewalt gegenüber deinen Mitschülern ist ein Mittel, auf das du wirklich nicht zurückgreifen musst – es ist primitiv, unfair und auch gefährlich. Was nämlich, wenn das kleine Würstchen, das du vor dem Biologieunterricht vertrimmt hast, mit seinem großen Bruder und ein paar Freunden nach der Schule auf dich wartet und dir eine gepfefferte Tracht Prügel verabreicht? Oder wenn du zwar den starken Mann markiert hast, allerdings keiner deiner Mitschüler aus Angst mehr etwas mit dir zu tun haben will?

Gewalt gegenüber deinen Mitschülern ist primitiv.

Dein Ansehen auf der Schule wird zweifellos genauso leiden, wenn du mit Drogen in Verbindung gebracht wirst. Das gilt gleichermaßen für Verkauf und Gebrauch von Drogen. Zwar ist es sicher übertrieben zu behaupten, dass du eine steile Drogenkarriere machen wirst, wenn du auf einer Fete mal einen Joint rauchst. Bedenke aber, dass du hier schneller den Boden unter den Füßen verlieren kannst, als dir lieb ist, und zwar aus zweierlei Gründen:

Erstens, weil es in der Regel nicht bei einem kurzen Joint bleibt, sondern auch andere Drogen kein Tabu mehr für dich sein werden.

Zweitens spricht sich so etwas wie ein Lauffeuer rum. Sobald ein Lehrer davon Wind bekommt, kannst du dich drauf verlassen, dass die gesamte Lehrerschaft versuchen wird, dich von der Schule zu kegeln (da du nur als entarteter Einzelfall gesehen wirst, denn schließlich ist deine Schule ja »sauber«). Du wirst garantiert auf keinen grünen Zweig mehr kommen. Und dazu genügt oft schon ein Gerücht.

ich hab's genau gesehen ... – was tun als zeuge?

Viel nahe liegender, als dass du selbst zur Drogenmafia überwechselst, ist die Möglichkeit, dass du mitbekommst, wie Fremde oder Schüler Drogen verkaufen, Waffen mit in die Schule bringen oder andere fertig machen.

Was ist dann zu tun?

Sich heraus-zuhalten und wegzuschau-en, ist be-quem, aber feige. Sich hier herauszuhalten und wegzuschauen, ist zwar eine bequeme Methode, aber feige: Als Zeuge bist du schein-bar unbeteiligt am Geschehen, aber deshalb noch lange nicht aus der Pflicht. Weggucken macht dich mitschuldig, und Zivilcourage erhöht dein Ansehen bei ehrlichen Mit-schülern und Lehrern. Aus diesem Grund musst du aktiv werden!

Werde deshalb nicht gleich zum schmierigen Denunzian-ten, der die Runde im Lehrerzimmer macht und jedem Lehrer seine Loyalität unter Beweis stellt, indem er die Drogenprobleme von Sebastian Schnüffel und Nadine Koks herumtrompetet; du verhältst dich jedoch verantwor-tungsvoll, wenn du auf seltsame Machenschaften an der Schule aufmerksam machst oder gefundene Waffen nicht selbst einsteckst, sondern beim Lehrer abgibst. Tu dich am besten mit einem Klassenkameraden zusammen, der die gleichen Beobachtungen gemacht hat wie du, denn Gemeinschaft macht stark.

Bei Problemen von Mitschülern mit Drogen ist der Vertrau-enslehrer oder Drogenbeauftragte der Schule sicherlich der kompetenteste Ansprechpartner. Er gibt eure Informa-tionen auch nicht gleich an den Rest des Kollegiums wei-ter, sodass zunächst keine Nachteile für euren abhängigen Kameraden entstehen. Der Vertrauenslehrer kennt sich mit der Problematik am besten aus, kann auch Hilfe außer-halb der Schule vermitteln und eventuell mit den Eltern Kontakt aufnehmen.

Als Zeuge von Dealerei und offensichtlicher massiver Gewalt einzelner Mitschüler solltest du weniger zimperlich sein und härtere Bandagen anlegen: Eltern, Klassen- bzw. Vertrauenslehrer, Schulleitung und auch die Polizei sind hier angesagt, um solchen Idioten das Handwerk zu legen und ihr Treiben bekannt zu machen. Jeder wird Verständnis haben, die Polizei ist sogar dazu verpflichtet, deine Informationen vertraulich zu behandeln, um dich vor Repressionen und Rache zu schützen. Deshalb warnen wir: Erzähl solche Dinge besser nicht gleich herum. So etwas kann nach hinten losgehen und dir eine Menge Ärger bereiten. Je weniger Leute von deinem Vorhaben wissen, desto besser.

Versuch auf gar keinen Fall, in Dirty-Harry-Manier auf eigene Faust zu ermitteln. Dabei kannst du dir schnell eine blutige Nase holen.

Vermeide es, überzureagieren und wegen eines Joints auf dem Klassenfest gleich das Drogendezernat der hiesigen Polizei, eine Hundertschaft berittener Einsatzkräfte und die GSG-9 zusammenzutrommeln!

im fadenkreuz – wenn du bedroht wirst

Wenn du nun aber nicht mehr nur Zeuge bist, sondern etwa selbst bedroht wirst, sieht es für dich ganz anders, aber keineswegs hoffnungslos aus: Du hast Angst, wirst womöglich eingeschüchtert und hast keine Zeugen (falls doch, sagen die häufig aus Angst nichts). Deine Lebensfreude und deine Leistungen leiden ganz erheblich unter solchem Terror. Viel schlimmer als etwaige materielle Verluste (Kleidung, Geld) ist der psychische Druck, unter dem du stehst. Du fühlst dich ohnmächtig, ausgeliefert und mit einer scheinbar ausweglosen Situation konfrontiert – nervlich gelangst du hier sehr schnell ans Ende deiner Kräf-

Nervlich gelangst du hier sehr schnell ans Ende deiner Kräfte.

te, was sich auch in deinen Leistungen im Unterricht nie-
derschlägt. Natürlich fällt es dir schwer, aktiv zu werden –
du siehst wahrscheinlich keine oder nur geringe Erfolgs-
chancen. Aber glaub uns, du kannst eine Menge tun und
lohnen wird es sich auf jeden Fall!

Sprich zunächst mit deinen besten Freunden und deinen
Eltern über alles, was vorgefallen ist (bitte sie aber um Ver-
schwiegenheit). Das ist schon mal eine Erleichterung. Gemeinsam könnt ihr dann entscheiden, was zu tun ist. Natürlich können auch Klassenlehrer und die Eltern deines
Peinigers informiert werden. Überleg auch, ob für dich Be-
ratungsstellen des Jugendamtes oder der Kirchen in Frage
kommen (Adressen stehen im Telefonbuch). Viele Polizei-
stellen haben spezielle Dezernate für Jugendkriminalität
eingerichtet und sind kompetente und vertrauenswürdige
Ansprechpartner in einem solchen Fall.

Ein schüt- Ein schützender Freundeskreis und ein gutes Verhältnis
zender zum Lehrer sind hier sicherlich sehr hilfreich. Versuche al-
Freundes- les, damit dein Unterdrücker aus deinem Umfeld ver-
kreis ist schwindet oder massiv eingeschüchtert wird – das schafft
hilfreich. ihn dir vom Hals. Die Lehrerschaft und den Großteil der
Schüler hast du garantiert auf deiner Seite.

Wir können dir hier nur wenige allgemeine Tipps geben, da
das Vorgehen entsprechend deiner persönlichen Situation
von Fall zu Fall sehr unterschiedlich sein kann und sein
muss! Deshalb berate dich unbedingt mit anderen! Keine
Situation ist so ausweglos, dass du nichts dagegen tun
könntest!

Leicht ist deine Lage sicherlich nicht, aber nur, wenn du
versuchst, den Übeltätern das Handwerk zu legen, kannst
du dem Teufelskreis entkommen.

das beste zuletzt – liebe, love, l'amour ...

»All you need is love« – das bringt es auf den Punkt. Da du eine ganze Menge Zeit in der Schule verbringst, ist es eigentlich nur eine Frage der Zeit, wann du dort das Gefühl von tausend Schmetterlingen im Bauch verspürst und verliebt bist. Das passiert auf Klassenfahrten, Klassenpartys oder im ganz normalen Schulbetrieb: Früher oder später verliebst du dich bestimmt in jemanden aus deiner Klasse oder Jahrgangsstufe – so ist das nun mal. Uns geht es hier aber nicht um Flirt- und Anmachtipps. Vielmehr wollen wir abwägen, welche Vor- und Nachteile das Verliebtsein innerhalb deiner Klasse oder Jahrgangsstufe für dich persönlich und damit auch für deine schulischen Leistungen haben kann.

über den wolken ... – vorteile der schulliebe

Verliebtsein bereichert dein Leben in jeder Hinsicht und macht es sehr viel glücklicher – du hast das Gefühl, die ganze Welt umarmen zu können. Alles macht mehr Spaß und sieht freundlich aus. Du bist einfach im siebten Himmel. Durch dieses Glücksgefühl bist du nicht nur ausgeglichener und entspannter als sonst, sondern auch wesentlich besser motiviert! Verliebtsein ist die intensivste und beste Motivation, die es gibt.

> **Verliebtsein ist die intensivste und beste Motivation, die es gibt.**

Du gewinnst mehr Spaß an der Schule, weil du mit dem Unterricht nicht mehr nur mies gelaunte Lehrer und blöde Banknachbarn verbindest, sondern auch deinen Schatz, in den du so verliebt bist. Auch die Pausen gewinnen ganz neue Qualität: Dein Liebling lenkt dich ab und dir saust nicht dauernd der Schulstress im Kopf herum – Entspannung pur!

Ihr habt gleiche Schul- und Freizeiten und ähnliche Phasen, in denen ihr lernen und Hausaufgaben machen könnt – also ein Maximum an Zeit, die ihr zusammen verbringen könnt.

die kehrseite einer schönen medaille – die nachteile

Bei falscher Prioritätensetzung kannst du schnell den Anschluss verlieren. Bei falscher Prioritätensetzung, wenn du also bei allem Verliebtsein an nichts anderes mehr denkst und alles andere für dich plötzlich völlig unwichtig wird, kannst du schnell den Anschluss an die Klasse verlieren und schlechter werden. Aus dem gleichen Grund können auch andere Freundschaften und die Familie ins Hintertreffen geraten (Freunde und Familie fühlen sich schnell vernachlässigt!).

Im Unterricht besteht die Gefahr, dass du durch deinen Schwarm abgelenkt bist, was zu unnötigem Nachlernen zu Hause führen kann und langfristig auch deine mündliche Note verschlechtert.

Wenn du mal Knatsch mit deinem Schatz hast, tragt ihr beide diesen auch in die Schule. Es wird schwer, sich aus dem Weg zu gehen, und zwangsläufig macht sich das auch in deinem Verhalten gegenüber Lehrern und Freunden bemerkbar.

Wenn der Ofen zwischen euch ganz aus ist, ihr euch getrennt habt, können aus besten Freunden plötzlich Feinde werden! Du kannst somit einen Feind bekommen, der dir emotional sehr zu schaffen machen kann, indem:

a) er dich demotiviert: durch Tratschereien, persönliche Wortgefechte, Handgreiflichkeiten, Einschüchterungsversuche, Intrigen und Gerüchte. Das führt dazu, dass du keine Lust mehr auf die Schule hast oder sogar Angst bekommst, hinzugehen.

b) man den nötigen Abstand zueinander nicht gewinnen kann; da man sich jeden Tag sieht, dauert der Trennungsschmerz länger.

c) gemeinsame Freunde zwischen dir und deinem ehemaligen Liebling hin- und hergerissen sind.

Du siehst also, dass, wenn ihr euch mal nicht mehr so grün seid, man sich trotzdem jeden Tag ertragen und eventuell auch mit ansehen muss, wie sich der Ex-Partner in jemand anderen verliebt. In diesem Fall beeinflusst dich deine Krise wesentlich mehr, als wenn du eine Beziehung außerhalb der Schule hättest, wo du schneller Abstand gewinnen kannst.

Wenn du dich nun innerhalb deiner Klasse oder deiner Schule verliebt hast, dann versuche Folgendes zu beherzigen, um möglichst nur die Vorteile und nicht die Nachteile zu spüren zu bekommen:

Lasst euch gegenseitig genug Platz für eigene Hobbys, Freunde und andere Interessen. Das heißt:

Lasst euch gegenseitig genug Platz!

- Ihr müsst nicht in jedem Fach nebeneinander sitzen!
- Wählt eure Kurse und Wahlpflichtfächer nach euren Interessen aus und nicht im Hinblick auf die Möglichkeit, weitere Wochenstunden zum Händchenhalten unterm Tisch zu organisieren!
- Vernachlässige in der Pause und in deiner Freizeit deinen Freundeskreis nicht vollkommen!
- Versucht, Schule und Privates zu trennen, und tragt euren Beziehungskrach nicht vor allen anderen aus.

Verliebt sein ist toll, und natürlich soll jeder sehen, dass ihr beiden zusammengehört und wie glücklich ihr miteinander seid ... Ihr könnt aber auch beide schnell zum Gespött des Schulhofes werden, es könnte Neider geben und manche finden es womöglich unangenehm, wenn du und dein

Schatz nur noch als knutschender Doppelpack in Erscheinung tretet. Nervt also die anderen nicht mit permanenten körperlichen Liebesbeweisen!

Unser Fazit: Bis auf die aufgeführten negativen Aspekte spricht nichts gegen, sondern vieles eher für eine Beziehung an deiner Schule. Wenn du dir außerdem noch die obigen Tipps zu Herzen nimmst, wird es gelingen, dir den meisten Stress vom Hals zu halten. Also hinein ins Vergnügen – die schönste Sache der Welt.

ein paar worte zum schluss
ein paar worte zum schluss

Über 128 Seiten haben wir dich auf deinem Weg zu besseren Noten begleitet. Die Werkzeuge zu deinem schulischen Erfolg kennst du jetzt. Bessere Karten als deine Mitschüler hast du somit auf jeden Fall. Sie richtig auszuspielen und die Früchte des Erfolgs einzufahren, liegt nun an dir. Natürlich musste bei einem so umfangreichen Thema vieles unerwähnt bleiben. Du weißt nicht alles – wohl aber Wichtiges. Und sei dir sicher – unsere letzte Seite zum Thema Schule ist garantiert noch nicht geschrieben.

Ganz zum Schluss gilt unser besonderer Dank Herrn Studiendirektor Hansgeorg Kling, der uns zwei Jahre lang als wohlwollender Mentor zur Seite stand.
Desweiteren geht unser Dank an Herrn Werner Gröll und Frau Agatha Pilat, die sich beide viel Mühe bei der Durchsicht unserer Manuskripte gaben.
Ein großes Dankeschön auch an die Schüler der Albert-Schweitzer-Schule in Kassel, die aus der Sicht der »Aktiven« witzige und einfallsreiche Kritik geübt haben.
Abschließend möchten wir auch noch einen Gruß an unsere ehemaligen Lehrer loswerden: Denn ohne sie und ihren guten und schlechten Unterricht hätte es dieses Buch nicht gegeben.

P.S.: Niemand weiß alles – natürlich auch wir nicht. Wenn du also Ideen oder Anregungen hast, dann melde dich bei uns – wir antworten in jedem Fall.

Die Adresse lautet:

Christian Gröll und David Sehrbrock
c/o Kösel-Verlag GmbH & Co.
Postfach 19 05 44
80605 München

Lust bekommen auf andere Themen?

make a change

hat mehr zu bieten:

ekkehart baumgartner, check it out
Deine Rechte als Jugendlicher

Jeder kommt ab und zu mal in die Situation, dass er irgendetwas vorhat, von dem er nicht so ganz genau weiß: Darf
ich das? Hab ich überhaupt das Recht dazu? Und wie finde
ich am besten durch den Behördendschungel, wenn ich
mich informieren will?
Ob es um Schule, Job oder Studium, das Weggehen am
Abend oder das Ausziehen von Zuhause geht: Wer wissen

will, welche Rechte er
hat, findet hier jede
Menge handfeste In-
formation, viele Tipps
und Statements von
Experten, sowie Er-
fahrungsberichte von
Jugendlichen.
Ein Buch für alle, die
es genau wissen wol-
len!

128 Seiten
ISBN 3-466-30506-3

sascha krefft, *verpiss dich!*
Selbstschutz und Selbstverteidigung für Mädchen und junge Frauen

Bei Dunkelheit in einer unbelebten Gegend unterwegs und plötzlich hörst du hinter dir Schritte ... Bestimmt hast du eine solche Situation schon einmal erlebt und weißt, wie unwohl man sich plötzlich in seiner Haut fühlt. Was passiert, wenn du angegriffen wirst? Kannst du dich dann wehren? Sollst du dich überhaupt wehren?

Wer sich selbst nicht in der Opferrolle sieht und aktiv etwas für seinen Selbstschutz tun möchte, bekommt hier Anregungen und handfeste Tipps, wie man einem Angreifer begegnet und auch, wie man schon im Vorfeld gefährliche Situationen vermeiden kann. Dieses Know-how und ein starkes, selbstbewusstes Auftreten können jeden in die Flucht schlagen!

128 Seiten
ISBN 3-466-30510-1

make a change ist die Reihe für dich!